W0174938

Kurt Gerdau

Die nerzlose Kreuzfahrt

Husum

Umschlagbild: Ausbooten in der Magdalenenbucht (Foto des Autors)

Die Deutsche Bibliothek – CIP-Einheitsaufnahme

Gerdau, Kurt:
Die nerzlose Kreuzfahrt / Kurt Gerdau . – Husum : Husum, 1995
   (Husum Taschenbuch)
   ISBN 3-88042-691-0

© 1995 by Husum Druck- und Verlagsgesellschaft mbH u. Co. KG,
   Husum

Satz: Fotosatz Husum GmbH
Druck und Verarbeitung: Husum Druck- und Verlagsgesellschaft
Postfach 1480, D-25804 Husum

ISBN 3-88042-691-0

Kurzatmige Einführung

„Home from home" nennen die seebegeisterten Briten jenes unbeschreibliche Gefühl, das einen echten Kreuzfahrer von einem gewöhnlichen Passagier unterscheidet, bedeutet es doch nichts anderes als: fern der Heimat und doch zu Hause zu sein!

Nicht anders erging es mir, als ich 1983 auf der noch unter sowjetischer Flagge fahrenden „Odessa" eine große Nordland-Kreuzfahrt buchte. Die Zeiten unter Hammer und Sichel am Schornstein gehören schon der Geschichte an. Diese Reise in die Nostalgie wird alle Kreuzfahrer an ihre eigenen Erlebnisse erinnern, die sie auf sowjetischen Schiffen ohne Nerz, aber mit viel Herz erleben durften.

Sollten Sie dieses oder doch mehr jenes als übertrieben bezeichnen wollen, bedenken Sie, wie klein der Schwindel und wie groß das Meer ist.

Ein hintergründiges
Weihnachtsgeschenk

Von siebzehn auf See verbrachten Jahren habe ich fast die Hälfte der Zeit als Kapitän Frachter geführt, in wilder oder in der von der Familie bevorzugten Linienfahrt, ein Passagierdampfer war nie dabei. Als ich meine Seekiste symbolisch im Keller abstellte, um mich wie versprochen an der Erziehung unserer beiden Kinder zu beteiligen, geschah das nicht freiwillig, sondern weil meine Frau ein gutes Gedächtnis hat, wenn es gilt, alte Geschichte aufzuwärmen. Ohne meine Zusage, an Land zu bleiben, wenn das älteste Kind eingeschult wird, hätte die gehorsame Tochter eines kleinen Beamten nie den Bußtag mit mir auf einem Schiff im nächtlichen Hafen verbracht. Damals hätte ich noch ganz andere Dinge versprochen.

Was immer meine Frau bewogen haben mag, eine Kreuzfahrt für zwei Personen zu buchen, anzutreten im frühen Sommer, weiß ich nicht, wahrscheinlich war es eine typische Kurzschlußhandlung, wenn alle möglichen Weihnachtsgeschenke aus immer welchen Gründen nicht mehr in Frage kommen. Ich vermißte die Kiste Rotwein unterm Tannenbaum, wunderte mich aber über die schwarze Fliege auf einem Smokinghemd mit Rüschen und ließ einen Umschlag unbeachtet, in dem ich eine dieser häßlichen Weihnachtsglückwunschkarten vermutete.

Weihnachten, dachte ich, fällt in diesem Jahr aus, schade! Dabei hatte ich mir so viel Mühe mit dem Schmücken des Baumes gemacht, das entschädigte. Doris ließ nicht locker, mir den Umschlag immer wieder in die Hände zu drücken, bis ich nachgab und ihn öffnete. Als ich begriff, was ich las, schüttelte ich über so viel Unfug und weibliche Logik den Kopf.

Was zum Teufel sollte ich auf See, auf einem Kreuzfahrtschiff und dann auch noch auf einem mit Hammer und Sichel am Schornstein? Meine Frau hätte doch wissen müssen, was ich von Musikdampferkapitänen hielt, mit viel

Lametta auf den Ärmeln und goldbetreßten Schulterstücken. Solche Schauspieler paßten in eine Operette, was aber hatte ihnen die See getan? Und jetzt sollte ich mich freiwillig jeden Abend womöglich in einen Smoking pressen und mich benehmen wie Graf Koks von der Gasanstalt? Das kam überhaupt nicht in Frage. Erst als Doris in ihren Tränen davonzuschwimmen drohte und die Gans im Bratofen in Gefahr geriet, gab ich nach und versprach, mich umzuhören, ob nicht Freunde von uns die Karten kaufen und reisen wollten.

Gisela und Rudi waren für solche Exkursionen das geeignete Paar, ganz besonders Gisela, hatte sie doch dabei die beste Gelegenheit, das breite Sortiment ihres Schmuckkastens zu präsentieren, Stück für Stück, Abend für Abend! Daß nichts daraus wurde, lag einzig und allein an Rudi. Er wollte die Karten zum halben Preis und lächelte nicht einmal dabei. Ich sagte nicht direkt, was ich von ihm hielt, um ihn nicht zu beleidigen, aber doch deutlich genug. Danach brach für eine überschaubare Zeit der Kontakt ab.

Eine Kreuzfahrt auf einem sowjetischen Dampfer, hieß das nicht anders ausgedrückt: Wodka, Krimsekt, Kaviar, Borschtsch und in jeder Kajüte eine kleine Wanze, damit sich die besorgte Schiffsleitung auch nachts über die Stimmung an Bord informieren konnte? Vorsicht war also geboten. Und was sagt das schon: deutsche Reiseleitung? Hatte sie auf See zu bestimmen? Das konnte man Lieschen Müller aus Wanne-Eickel erzählen, nicht aber einem alten Seemann wie mir. Auch auf sowjetischen Schiffen hat der Alte das allerletzte Wort, und diese Regelung hat sich bestens bewährt.

Meine Frau wäre viel lieber in die Berge gefahren, aber weil ich über das mir aufgezwungene Landleben nie gemeutert habe, glaubte sie, mir mit diesem großzügigen Geschenk eine große Freude zu machen. Verdächtig kam mir das schon vor, oder konnte man wirklich aus meinem Verhalten am Silvesterabend den Schluß ziehen, daß ich echte Sehnsucht nach der See verspüre, nur weil ich darauf bestehe, das neue Jahr unten an den Hamburger Landungs-brücken zu begrüßen und mir die Ohren mit dem Tuten der im Hafen liegenden Schiffe zustopfen zu lassen? Ist es nicht selbstverständlich, daß ich seltene Buddelschiffe sammele und alte Segelschiffe rette oder Eisbrecher vor dem Verschrotten?

Als gelernter Pragmatiker begann ich mich, als alles nichts mehr half, auf die Kreuzfahrt einzustellen. Jedem, den ich traf, erzählte ich, ob er wollte oder nicht, daß ich meiner Frau zuliebe eine Kreuzfahrt machen werde. „Zum Nordpol, via Island und retour durch die norwegischen Fjorde. Eine romantische Fahrt, mal etwas anderes als immer nur Karibik. Preiswert ist so etwas natürlich nicht, aber man gönnt sich ja sonst nichts!"

Interessiert nahm ich wahr, wie sich bei mir Begeisterung einstellte, je öfter ich von der bevorstehenden Kreuzfahrt mit der feinen „Odessa" bis hinauf ans Nordkap prahlte und Neid erweckte. Zwangsläufig veränderte sich der Text. Als ich mich dabei ertappte, die Kreuzfahrt als ein Weihnachtsgeschenk von mir an meine Frau auszugeben, gab es keine Steigerungsmöglichkeiten mehr, und ich hörte damit auf. Schließlich hatte ich ernste Probleme zu lösen: Zunächst stellten wir gemeinsam fest, daß die bunten Prospekte zwar die Passagepreise enthielten, aber nichts darüber aussagten, wie teuer die Reise wirklich werden würde. Unsere Koffer waren einerseits zu klein und andererseits für eine Kreuzfahrt zu schäbig. Mit diesem Sortiment aus verschiedenen Jahrhunderten war kein Staat zu machen. Koffer aber kauft man nicht beim nächsten Krämer. Wo gab es Behälter, die teurer aussahen, als sie waren, und groß genug, um alles aufzunehmen, was unbedingt mitmußte? Sollten sich unsere Koffer rentieren, blieb uns keine andere Wahl als eine weitere Kreuzfahrt.

Nach meinem Stauplan, entworfen nach den Prospekten des Reiseveranstalters, in denen die meisten Reisehöhepunkte vermerkt waren, fehlten uns so wichtige Kleidungsstücke wie Eskimoschuhe für das Ausbooten in der Magdalenenbucht auf Spitzbergen, Pelzmützen und dicke

Wachgänger für die eiskalten Nächte am Nordkap. Die alten Nachthemden mußten durch elegante Nachtkleidung ersetzt werden, um die Stewardessen zu beeindrucken. Das eigene Wohlgefühl wurde aus unseren Überlegungen gestrichen. Drei Galaabende mußten überstanden werden, auch wenn ich diese Ereignisse wie Kapitänsdinner, Champagnernacht und Nordmeerball überlas, nicht aber meine Frau.

„Ohne Abendkleid geht das nicht."

„Du hast ja noch das vom letzten Presseball."

„Eins."

„Besser als gar keins."

„Es sind aber drei Abende, und du glaubst doch nicht im Ernst, daß ich dich blamiere und jedesmal im selben Kleid erscheine…"

Kleine andächtige Pause, das Ticken der Taschenuhr war deutlich vernehmbar.

„Und ich?"

„Dir paßt noch der Smoking, wenn ich den Knopf versetze. Ein neues Hemd hast du ja schon … und eine neue Fliege!"

„Ein Hemd", wagte ich zu protestieren, „das reicht doch nicht für drei Abende und schon gar nicht, wenn ich tanze."

„Wenn du endlich abnehmen würdest, würdest du weniger schwitzen, und ich bräuchte den Knopf am Smoking nicht zu versetzen, außerdem gibt es eine Wäscherei an Bord, ich habe mich erkundigt."

Blamieren wollte ich mich natürlich nicht, das mit meinem Gewicht überhörte ich, aber auch diese Nebenkosten wurden in keinem Prospekt erwähnt.

Um das letzte Wort zu haben, sagte ich entschieden: „Den Kostümball machen wir nicht mit!"

Endlich an Bord

Drei Tage lang saßen wir auf gepackten Koffern und aus-geräumten Kleiderschränken, um den von mir nach see-männischen Kriterien entworfenen Stauplan nicht durch-einander zu bringen. Dieses Dokument wies den Inhalt je-der Tasche und jedes Koffers nach, um langes Suchen nach Reisepapieren und Geld zu vermeiden, ja völlig überflüssig zu machen. Ein simples System, das in der Schiffahrt viel Zeit spart.

Wir hatten an alles gedacht, auch an Doris' Perücke und meine Zipfelmütze für den Kostümball, nicht aber an die auf mich wartende Freizeit. Ich konnte doch unmöglich drei Wochen lang nichts tun als nur ausgezeichnet zu essen und zu trinken, und das bei meiner Figur! Für meine Do-ris änderte sich als Hausfrau nichts an Bord. Sie konnte weiterhin ihren gewohnten Tagesrhythmus beibehalten, konnte lesen, wann sie wollte, mit Gleichgesinnten plau-schen und sich im Liegestuhl räkeln, aber was um Him-melswillen tat ich derweilen? Allein die Vorstellung, mich mit einem Gottlieb Schreck stundenlang über die Qualität von Teigwaren der gehobenen Preisklasse unterhalten zu müssen, jagte mir Schauer über den Rücken. Als ich meine Bedenken vorbrachte, war der Hauskrach perfekt. Ob-wohl auch davon nichts in den Reiseunterlagen steht, soll er doch zu jeder Kreuzfahrt gehören wie der Kauf von Pil-len und Pflastern gegen Seekrankheit.

Unsere Auseinandersetzung aber hatte eine andere Qua-lität. Daß der Streit ausartete, muß am Reisefieber meiner Frau gelegen haben, anders kann ich mir ihr Verhalten nicht erklären. Sie rastete jedenfalls aus, weil ich sie als Hausfrau ansah und die Versorgung der Kinder nicht erwähnte.

„Entschuldige, aber so klein sind sie nicht mehr . . ."

„Richtig, sie machen weniger Arbeit als du!"

„So pflegeleicht wie ich bin . . ."

„Du? Daß ich nicht lache! Den ganzen lieben Tag lang schleppe ich dir dein herumliegendes Zeug nach. So unor-dentlich habe ich noch keinen Mann erlebt!"

„Woher kennst du andere Männer?"

„Aus der Firma, und nicht, was du schon wieder denkst!"

„Die 30 Stunden in der Woche..."

Sie wurde immer erregter: „Und der Garten, wer macht den?"

„Dafür habe ich dir schließlich den elektrischen Rasenmäher geschenkt..."

„Ah ja, und das Haus, macht das keine Arbeit?"

„Wer von uns beiden wollte unbedingt aufs Land, ich doch nicht, weit weg von der See, dem Hafen..."

Das Stichwort für den Tränenausbruch funktionierte und beendete die verbale unerquickliche Auseinandersetzung. Als sich mein bestes Stück wieder gefangen hatte und überlegen konnte, schlug sie mir vor, ich sollte meine Schreibmaschine mitnehmen, dann hätte ich Beschäftigung und der Verleger bald das zugesagte Manuskript. Auch vom Kauf einer Reiseschreibmaschine stand nichts in den Prospekten der „Transocean"; aber was blieb mir übrig, als den Kleinkredit aufzustocken und zu investieren.

Weil wir beide keine Lust hatten, unsere Bagage von einem zum anderen Bahnsteig zu schleppen, packten wir sämtliche Behältnisse in unser Auto und fuhren nach Bremerhaven, direkt vor das Schiff. Bevor wir uns an Bord begaben, wollte ich mich vom äußeren Eindruck der „Odessa" überzeugen, und untersuchte die dem Lande zugekehrte Bordwand vom Bug bis zum Heck nach mit weißer Farbe überpönten Roststellen. Es gibt Reisende, die sich nur für die Größe des Pools und die Bequemlichkeit der Liegestühle interessieren, ich gehöre nicht dazu, obwohl es gelegentlich vernünftiger wäre. Leider konnte ich nur die eine Schiffsseite begutachten, aber was ich sah, stimmte mich zuversichtlich. Der Bootsmann hatte den Dampfer gut unter Farbe.

Entscheidend für die Sicherheit meiner Frau war natürlich nicht die Beschaffenheit des Farbanstriches, sondern die Ausbildung der gesamten Crew, vom jüngsten Moses bis hinauf zum Kapitän. Er stand jedenfalls nicht an der Gangway, als wir eincheckten, um uns per Handschlag zu begrüßen. Es galt, das war mir nun klar, Nachsicht zu üben. Rußland ist nun einmal eine Land-, aber keine Seemacht. Was dem Riesenreich fehlt, ist Tradition. Ich brauche nur an die verlorene Seeschlacht im Jahre 1905 im Japanischen Meer vor Tsuschima zu erinnern.

Das Einchecken wäre bedeutend schneller gegangen, wenn wir unsere Reisepässe sofort gefunden hätten. Daß sich die Suche hinzog, lag nicht am Stauplan, den ich mit viel Akribie gezeichnet hatte. Da ich sicher war, die „Odessa" würde ohne uns nicht von der Pier ablegen, sah ich keinen Grund, meine Frau zur Eile anzutreiben. Alles klärte sich auf: Die Reisepapiere lagen in keinem Koffer, sondern noch im Auto, das wir in einer hafennahen Großgarage zum Sonderpreis untergestellt hatten.

Als die Tagesgäste und Besucher von Bord mußten, betraten wir als letzte von etwa 450 Mitreisenden das Schiff, freundlichst von einer jungen Stewardeß und dem schnauzbärtigen Zahlmeister begrüßt, die uns zur Kabine begleiteten. Sie lag auf Backbordseite! Am liebsten wäre ich sofort von Bord geeilt. Das hat absolut nichts mit Aberglaube zu tun, ich bin auch nicht abergläubisch, weil es nachweislich nur Unglück bringt.

Schiffe werden nicht gebaut, um anschließend untätig in den Häfen der Welt herumzulungern, sie müssen hinaus auf See und nach Möglichkeit viel, viel Geld verdienen. So war es, seit Noah seine nicht ganz feste Arche belud und am Berge Ararat kläglich in Seenot geriet, und daran hat sich bis heute nichts geändert, egal ob die Schiffe unter deutscher oder sowjetischer Flagge fahren. Wenn unsere Schiffe mehr Geld verdienen müssen, so liegt das nicht daran, daß sie weniger Personal beschäftigen.

Schon wurde die Gangway eingeholt als letzte feste Verbindung zum Land, die Leinen losgeworfen, und die „Odessa" trieb von unsichtbaren Kräften geschoben von der Pier ab. Ein paar rasche Maschinenmanöver folgten, dann zeigte der Steven in Richtung See: Die Kreuzfahrt

hatte begonnen! Zurück blieben ein paar winkende An-
gehörige und Angestellte der Charterfirma. Das mächtige
Typhon am Schornstein röhrte dreimal kräftig zum Abschied, und schon lag die Columbuskaje weit hinter unserem breiten Heck.

Der erste Abend auf hoher See

Da standen wir nun in unserer Kabine, ein bißchen abgeschlafft, aber doch voller Erwartung. Langsam trudelten die Koffer ein, keiner fehlte. Ordnung schien an Bord zu herrschen, das beruhigte mich, der Seeurlaub konnte beginnen, wäre nur nicht die Kabine gewesen. Sie lag nicht auf dem Promenadendeck, aber auch nicht unterhalb der Wasserlinie, sondern auf Backbordseite. Bei sorgfältiger Betrachtung des Kabinenplanes hätte mir das daheim auffallen müssen. Nun war es zu spät, auch für einen Tausch. Kein vernünftiger Mensch würde sich darauf einlassen, die bessere Schiffsseite gegen die schlechte zu wechseln. Meine Frau verstand meine ganze Aufregung nicht. Kein Wunder, sie war nie zur See gefahren, hatte also keine Ahnung, daß zum Beispiel die Kapitänskajüte stets auf der Steuerbordseite des Schiffes liegt, liegen muß, wenn das Schiff nicht schon auf der ersten Reise mit Mann und Maus verlorengehen soll. Beispiele von verschollenen Schiffen gibt es zuhauf. Als die Windjammer noch auf den sieben Weltmeeren daheim waren, galt das Betreten des Steuerborddecks über der Kapitänskajüte als Verstoß gegen die Weltordnung und wurde dementsprechend bestraft, wenn der Alte beim Mittagsschläfchen gestört wurde.

Als die Logis auf den Dampfern aufgeteilt wurden, kamen die Trimmer, Heizer, das ganze miese Maschinistenpack natürlich auf die Backbordseite, während die Seeleute, die Matrosen mit den heißen Herzen, auf die Steuerbordseite des Schiffes rückten. Die Steuerbordwache wurde stets vom 1. Steuermann geführt, und nie wäre die Backbordwache in den Genuß gekommen, in der Zeit von Mitternacht bis 6.00 Uhr schlafen zu dürfen, auf keinem deutschen Schiff, zu keiner Zeit! Das war ein ungeschriebenes Gesetz, aber hier zeigte sich einmal mehr, daß die Russen, so willig und lernfähig sie auch sind, keine Seetradition haben. Mich, einen gestandenen, wenn auch nicht mehr aktiven Kapitän, auf der billigen Schiffsseite unterzubringen, war eine Gemeinheit, bestenfalls Gleichgültigkeit.

Es gibt Ausnahmen, aber die stellen sich ausschließlich auf der Reise ein, und zwar dann, wenn die Steuerbordseite im Schatten liegt oder der Wind von Steuerbord einfällt und sich auf der Schiffsseite kein schules Plätzchen finden läßt. Dann ist die Backbordseite die bessere Seite, aber nur dann.

Überhaupt die Kabine: Unser gesamtes Gepäck blokkierte den Betriebsgang, und Mitreisende mußten sich als Hindernisläufer betätigen; aber der Raum sah ganz anders aus als im bunten Prospekt. Die neue russische Sachlichkeit triumphierte. Ich bedaure diese Entwicklung, weiß aber auch, daß die Verarbeitung von Holz im Schiffsinneren schon aus Gewichtsgründen problematisch ist. Noch gibt es die alten, gemütlichen Dampfer auf den sieben Weltmeeren. Mitunter läßt eine renommierte Gesellschaft in einem Neubau Nostalgie walten, dementsprechend hoch ist der Passagepreis. Die Kabinen waren klimatisiert, auf Frischluft mußte verzichtet werden. Spätestens beim Verlassen des Schiffes am Ende einer dreiwöchigen Reise haben die meisten Passagiere den einfachen Mechanismus der Klimaregelanlage begriffen. Der Austausch von ozonhaltiger, joddurchtränkter, feuchter, nach purem Salz schmeckender Seeluft gegen teerspurenversetzte Lungenabgase war nur in höheren Decksregionen möglich. Auf dem Peildeck allerdings bläst der Wind kalt von allen Seiten.

Bevor ich mich zur deutschen Reiseleitung begab, um zu protestieren, wollte ich sichergehen und beides miteinander vergleichen: Foto und Wirklichkeit. Mit einem Weitwinkelobjektiv allein war es nicht getan, aber wenn die Wand zum Gang wegfiele, wäre ein Foto möglich, das aus einem engen Raum eine Luxuskabine zaubert, mit einer Kamera, die es wahrscheinlich nur beim sowjetischen Geheimdienst gibt.

Auf die Dauer konnten die Koffer unmöglich draußen stehen bleiben. Andererseits hatte ich Bedenken, ob auch sämtliche Sicherheitseinrichtungen funktionierten. Wo befand sich der nächste Schaumlöscher, wo lagen die

Schwimmwesten, wie kam man am schnellsten aufs Bootsdeck, und in welchem Zustand waren die Rettungsboote? Das waren Fragen, die unbedingt geklärt werden mußten und keinen Aufschub duldeten. Bremerhaven lag achteraus, und im Augenblick herrschte klare Sicht, aber das allein war keine Garantie, nicht mit einem Entgegenkommer oder einem Dwarsläufer zu kollidieren. Wir verteilten die Arbeit: Ich begab mich auf den Kontrollgang. Weil ich schon unterwegs war, schaute ich kurz bei der Reiseleitung vorbei, um einen Blick auf die Tischverteilung zu werfen. Ich hatte richtig vermutet: unser Tisch lag zwar am Außenfenster, aber auf Backbordseite. Mit dem Hinweis, daß meine Frau rückwärts fahren nicht ertragen kann, gelang es mir, auf die Steuerbordseite zu kommen. So war mir wenigstens erspart geblieben, mit Trimmern und Heizern an einer Back zu sitzen! Diese gelungene Umsetzung hatte, was ich zu diesem Zeitpunkt nicht wissen konnte, den Vorteil, mit der am Nachbartisch residierenden Hannelore Dorgeist bekannt zu werden.

Als die ersten Passagiere bereits umgekleidet durch die Betriebsgänge lustwandelten und in den Bars Drinks konsumierten, fiel mir auf, daß sich alle herausgeputzt hatten, ganz besonders die älteren Damen. Welches noch heute stattfindende kulturelle Großereignis hatte ich übersehen auf dem Programm, den Opernball, das Kapitänsdinner? Nichts von beiden, es war der Begrüßungsabend, an dem alle Passagiere persönlich dem Kapitän vorgestellt wurden, und dazu wählt der zivilisierte Mitteleuropäer festliche Garderobe. Als ich in unsere Kabine zurückkehrte und Doris mit der Situation konfrontierte, der es auf höchst wundersame Art gelungen war, innerhalb kurzer Zeit den Inhalt sämtlicher Koffer in die eingebauten Schränke zu verstauen, zuckte sie nur mit den Schultern, als wäre es selbstverständlich. Ich sah das ganz anders und stellte sachlich fest: „Mit drei Abendkleidern wirst du unter diesen Umständen nicht auskommen, mein Schatz. Ein Großereignis wirst du von deiner Liste streichen müssen!"

Während sie in der Naßzelle ihre Lippen nachzog, teilte

17

sie mir mit, daß es auf dem Schiff einen Shop gebe mit sehr schönen Kleidern, die gar nicht so furchtbar teuer seien.

Und ich Narr war überzeugt davon gewesen, daß sie den Laden beim Anmarsch auf unsere Kabine übersehen hatte.

In Kürze würden wir also den Kapitän kennenlernen. Noch hatte ich Zeit, mir ein paar belanglos klingende Worte parat zu legen, die ich bei der Begrüßung äußern würde, so von Kollege zu Kollege. Sollte ich ihm vertrauensbildend auf die Schulter klopfen und ganz auf amerikanisch sagen: „Hallo, old Boy, fein auf Ihrem Kahn sein zu dürfen. Freue mich prächtig mit meinem alten Mädchen auf die Reise unter Ihrem Kommando!"

Was aber, wenn er Amerikaner nicht ausstehen konnte?

Ich beschloß, ihn zurückhaltender zu begrüßen: „Guten Abend, Herr Kapitän! Wir Kollegen müssen zusammenhalten. Falls Sie ein paar Tage Urlaub machen wollen, bin ich nur zu gerne bereit, einzuspringen und das Schiff zu führen, kenne mich bestens aus!"

Ein Griff zur Fliege, die an meinem Hals immer zum Kentern neigt, ein Blick auf Doris, die prima aussah und wieder einmal zehn Jahre eingespart hatte. Mit ihr konnte man sich auch vor einem Musikdampferkapitän sehen lassen. Die drei Gläser Sekt in der Atlantikbar, Krimsekt aus dem Supermarkt, hatte ich wohl etwas zu schnell getrunken, denn unser Schiff schaukelte sachte, als wir uns einreihten, um willkommen geheißen zu werden. Ehe wir uns versahen, waren wir damit durch. Er hatte einen festen Händedruck, den ich nicht weniger kräftig erwiderte. Jeder sagte etwas Nettes, hoffe ich, aber da keiner von uns zuhörte, blieb das Gespräch nicht haften. Wir wußten nun, was wir voneinander zu halten hatten.

„Netter Mensch, unser Kapitän, oder finden Sie nicht?" erkundigte sich unsere nette Tischnachbarin bei meiner Frau. Doris lächelte und strahlte mich an, als sie entgegnete: „Sie haben ja so recht, wenn Sie von meinem Mann sprechen. Er ist nämlich auch Kapitän!" Mit weiblichem Instinkt hatte meine Teuerste den Abend gerettet und sich das noch fehlende vierte Abendkleid gesichert. Als wir so dastanden und miteinander plauschten, etwas gedämpft und unsicher, gesellte sich eine attraktive, alleinreisende junge Frau zu uns, die mühelos vorwies, was gestandene Männer nur zu gerne in den Händen halten. Ich war sicher nicht der einzige, der in anderer Umgebung auf den Fingern gepfiffen hätte. Sie war natürlich auch unserem Gastgeber aufgefallen, der in seiner blütenweißen Uniform immer noch am Türeingang stand und lächelnd Hände schüttelte, denn er schaute immer wieder zu unserer Gruppe hin. Diese bewundernden Blicke galten bestimmt nicht einem der Männer, sondern Hannelore Dorgeist, die munter drauflosplapperte: „Ach, ich liebe Kapitäne!" Dieses Bekenntnis waren drei Worte zu viel für meine Frau, die ihr sofort den Rücken zukehrte und sich setzte. So weiß ich nicht, ob sie überhaupt mitbekam, daß Hannelore Dorgeist die Tochter eines Blankeneser Kapitäns war, der wie ihr Mann aber nicht mehr lebte.

Sie hatte etwas an sich, das Männer anzog, sie in Gedanken auszuziehen. Das konnte eine wunderschöne Reise werden in Kurzweil versprechender Gesellschaft. Wir Männer am Tisch schauten uns verständnisvoll an und lächelten hintergründig. Als wir die Gläser hoben und uns zuprosteten, hielt es mein Gegenüber nicht mehr aus: „Wissen Sie, ich bin auch zur See gefahren, im letzten Krieg, auf einem Minensucher in der Ostsee."

Ich ahnte fürchterliches, fragte trotzdem: „Als was?"

„Obermaschinist!"

Wäre ich Kapitän der „Odessa" gewesen, ich hätte ihn sofort umgesetzt, auf die Backbordseite des Schiffes, dort, wo er hingehörte. Daß wir uns trotzdem gut verstanden haben, lag wohl daran, daß man ihn im Krieg eingezogen und zum Maschinisten gemacht hatte.

Das Essen war ausgezeichnet, die Getränke preiswert. Als wir uns verabschiedeten, war es nach Mitternacht. Die erste Nacht im fremden Bett, das an Bord Koje heißt, damit keiner auf den Gedanken kommt, die Liegestatt mit dem heimatlichen Schlaftummelplatz zu vergleichen, ist ein Erlebnis eigener Art. Die Koje war breit genug, um sich im Schlaf umdrehen zu können, aber zu schmal, um zu zweit einzuschlafen, für Eheleute, die mehr als zehn Pflichtjahre hinter sich haben. Ich machte die Augen zu, lauschte dem leichten Rumpeln der Schiffsmotoren und fühlte, wie sich unser Schiff in der See wiegte. Es war, als ob ich nach einem langen Landurlaub heimgekehrt wäre.

Das Kreuzfahrtschiff

Jedes Schiff fängt vorne am Bug an und hört rechtzeitig hinten am Heck auf. Endet es früher, ist das Schiff kürzer, in den meisten Fällen sogar kleiner. Ausschlaggebend für die Größe eines Schiffes sind die Bruttoregistertonnen (BRT), während die Abgaben in den Häfen nach Nettoregistertonnen (NRT) entrichtet werden müssen, die je nach Hafenplatz unterschiedlich hoch sein können. Unwichtig bei einem Passagierschiff sind die Ladetonnen, darum werden sie in der Biographie eines Kreuzfahrtschiffes auch nicht erwähnt.

Warum das Schiff Schiff heißt, ist nicht unser Problem. Wenn Sie unbedingt den Kapitän in Schwierigkeiten bringen wollen, dann fragen Sie ihn danach, aber lächeln Sie bitte dabei, damit er mit einem Scherz antworten kann. Die Möglichkeiten, einen schwimmenden Hohlkörper von nicht unbeträchtlicher Größe so zu konstruieren, daß er für unterschiedliche Zwecke einsetzbar ist, reichen vom Küstenmotorschiff bis hin zum Flugzeugträger, wobei die Nettoregistertonnen so niedrig wie möglich gehalten werden.

Obwohl unsere Altvorderen als Kreuzfahrer erst spät und ungerne nach Jerusalem und weiter ins Heilige Land zogen, waren sie mit die ersten, die Dampfer ausschließlich mit dem Ziel auf See schickten, gutzahlende Passagiere irgendwohin zu bringen, die nirgendwohin wollten, aber das sehr gerne.

Der Hamburger Reeder Robert M. Sloman, ein ausgewanderter Engländer, hatte 1845 die Idee, eines seiner nicht ausgelasteten Segelschiffe (heute das Nonplusultra einer Kreuzfahrt) auf eine Exkursion zu schicken. Daß der Plan scheiterte, lag am Anzeigentext, denn Sloman wollte nur „unbescholtene und vorzugsweise wissenschaftlich gebildete Personen" mitnehmen. Diese überprüfbaren Faktoren schreckten auch den Reisewilligsten ab. Was nützte da der Hinweis, daß die „Passagiere in vielseitiger gebildeter Gesellschaft mit allem Lebenskomfort umgeben die Wunder und Naturschönheiten der fernsten Gegenden, die Sitten so vieler verschiedener Völker kennenlernen und bei frischer Seeluft gestählter Gesundheit sich zugleich einen für das ganze Leben unversiegbaren Schatz an Erfahrungen sammeln".

Der vom Schiffahrtskaufmann erhoffte Ansturm auf die Plätze blieb aus. Es meldeten sich nur seine Frau und die ungeliebte Schwiegermutter. Beide pochten auf einen Freiplatz. Sloman soll beide Anträge mit dem Hinweis abgelehnt haben, daß allein Unbescholtenheit nicht ausreicht. Das aber mag nur eine jener bösartigen Geschichten sein, die am Stammtisch in der Börse gehandelt wurden.

Wer im Schiffahrtsgeschäft überleben will, muß Kompromisse schließen können, muß akzeptieren, daß sich Geld und Bildung zwar nicht ausschließen, aber auch nicht automatisch eine Einheit bilden. Als die Reeder das einsahen und in ihre Politik aufnahmen, stand dem Kreuzfahrtboom nichts mehr im Wege.

Mit sonorem Tuten schob sich am 22. Januar 1891 das Dampfschiff „Auguste Victoria" aus dem Hamburger Hafen. Mit nur 241, allerdings handverlesenen Passagieren sollte die Kreuzfahrt ins Mittelmeer gehen. Die Auswahl der Gäste erfolgte nach dem Wunsche von Albert Ballin nicht nach Geld allein, sondern auch nach Rang und Bildungsstand. Dieser 1888 vom Stapel gelaufene Schnelldampfer der Hamburg Amerika-Linie, der gleich auf der Jungfernreise das „blaue Band des Ozeans", als Zeichen der schnellsten Nordatlantiküberquerung, errungen hatte, war auf Anregung des damaligen Prinzen Wilhelm auf einer deutschen Werft gebaut worden. Als der inzwischen zum Kaiser gekrönte Wilhelm II. zusammen mit Albert Ballin das Schiff besichtigte, stellte er voller Nationalgefühl fest, daß Deutschland auch fähig sei, Schiffe zu bauen!

Anläßlich der Probefahrt der „Meteor" kam der Chef der Hamburg-Amerika-Linie, Albert Ballin, auf die erste Kreuzfahrt zu sprechen und berichtete amüsiert: „Es fehlte selbst in meiner allernächsten Umgebung nicht an Leuten, die glaubten, es sei in meinem Oberstübchen nicht ganz richtig, als ich an der Spitze von 241 kühnen Reisenden mit der ‚Auguste Victoria'– so hieß die junge Kaiserin – eine Exkursionsreise nach dem Orient unternahm."

Der hohe Bildungsanspruch, den die Hamburger Großreederei an die Kundschaft stellte, konnte nicht lange durchgehalten werden, denn die Lustreise kostete zwischen 1800 und 2700 Mark pro Person. Dem Kaiser war das egal, er verabschiedete das Schiff und Ballin mit den Worten: „Bringen Sie unsere Landsleute nur auf See, das wird der Nation und Ihrer Gesellschaft reiche Früchte tragen!"

In der fruchtbaren Nilebene trafen die Damen und Herren der gehobenen Gesellschaft erstmals auf eine ihnen ferne und fremde Kultur. Die Begegnung mit dem Orient war geprägt vom Selbstbewußtsein der abendländischen Zivilisation. Das breit gefächerte Bildungsangebot an Bord des Luxusdampfers wurde durch eine herausragende Küche bestens ergänzt. Zur Kurzweil hatte der Schiffsarzt „Olympische Spiele" organisiert mit den Disziplinen Brotkauen, Lichterschnappen, Eierlaufen und Sackhüpfen. Ähnliche alberne Spiele gibt es auch heute noch auf Kreuzfahrtschiffen der gehobenen, aber auch der unteren Preisklassen. Sie nicht mitzumachen, hieße, sich freiwillig ausschließen aus einer zusammengewürfelten Gemeinschaft.

Das Schiff ist ein Produkt der Zivilisation, ein Spiegelbild der Technik. Zur See zu fahren aber ist Kultur! Das Meer zu beherrschen war einst der Wunsch ganzer Völker. Sie haben sich andere Ziele gesetzt, ferne Sterne, unbekannte Welten. Ob es sie wohl geben wird, Kreuzfahrten in Raumschiffen zum Großen Bären mit Landung auf dem Mond und Besuch des Planeten Venus? Haben unsere Altvorderen es für möglich gehalten, daß ihre Urenkel aus purer Lust und Langeweile auf nicht vom Winde fortbewegten Schiffen rund um die Erde fahren, ohne sich etwas dabei zu denken?

Weil diese Exkursionsreisen nicht gerade billig waren, reiste das gewöhnliche Volk weiter im Zwischendeck. Als nach dem Zweiten Weltkrieg die Luftfahrt den Liniendienst mit Ozeandampfern unrentabel gestaltete, suchten die Reeder neue Beschäftigungsfelder für ihre freigewordenen Luxusschiffe. „Kreuzfahrten" hieß das wiederentdeckte Programm der Exkursionsreisen mit einem Publikum, das leben und leben lassen will. Nur die großen Pötte paßten nicht mehr in die Zeit. Zuerst verschwanden die prunkvollen Gesellschaftsräume, der Plüsch und der Pomp, dann ein Teil des Bedienungspersonals. Erhalten blieb jedoch die hohe Kunst der Köche und die See natürlich.

Es gibt sie noch, die großen Luxusschiffe, die mehr Stewards als Passagiere rund um die Welt spazieren fahren, aber um mit ihnen die sieben Weltmeere zu durchkreuzen, muß eine alte Frau sehr viel Wolle verstricken. Von diesen Lustdampfern soll nicht die Rede sein. Die „nerzlose" Kreuzfahrt findet auf anderen Schiffen statt. Sie werden vom Konzept her auf ein breites Bürgertum abgestimmt. Der gebotene Luxus muß bezahlbar sein, ohne daß der Gast das Gefühl hat, ihm wird Entscheidendes vorenthalten, was besser betuchten Passagieren auf Schiffen anderer Reiseveranstalter geboten wird. Je teurer die Passage, desto anspruchsvoller das Kulturangebot. Pavarotti kann nicht überall zur selben Zeit auftreten, obwohl das wahrscheinlich keine Zeit-, sondern eine Geldfrage ist.

„Du auch ein kleiner Kapitalist?" fragte mich fast entschuldigend der I. Offizier der „Odessa" bei meinem ersten Besuch auf der Kommandobrücke, wo ich mich als gelernter Kapitän zu erkennen gab. „Nix da, ich großer Sozialist", entgegnete ich entrüstet. Was sollte ich auch anderes sagen als die Wahrheit?

Die Bleiglasfenster in Lerwick

Langweilig schien die Reise nicht zu werden. Obwohl wir nun schon länger als einen Tag unterwegs waren, vermißte ich das Land nicht und schon gar nicht die Stadt. Ich fühlte mich pudelwohl. Während Doris nach dem Frühstück durch das Schiff bummelte, setzte ich mich wie vorgenommen an die Schreibmaschine, um das Manuskript für mein Buch „Ubena – Im Kielwasser des Krieges", fertigzustellen. Merkwürdig genug, aber auch schon wieder selbstverständlich, daß ich auf einem sowjetischen Passagierschiff die Chronik eines der Dampfer schrieb, der sich bei der Evakuierung der ostdeutschen Bevölkerung in den ersten Monaten des Jahres 1945 ausgezeichnet hatte. Und war ich nicht selbst im Januar mit meiner Mutter vor den sowjetischen Soldaten geflüchtet?

Um uns herum nur Wasser, abgesehen von zwei Fischdampfern, die von der Doggerbank kommend die Humber-Mündung ansteuerten. Wir standen am Heck und hörten der Schiffsmusik zu, einer Melodie, gespielt von der mahlenden Schiffsschraube und den sich an der Bordwand reibenden Wasserteilchen, die aufgeblasen schäumend achteraus trieben. In der Ferne wurde das breite Kielwasser von Wind und See ausradiert.

Wie hatte ich das alles vermißt!

Ein Pulk von Möwen hing patrouillierend über uns. Wenn sie sich dem Schiff aus der Sonne näherten, sahen sie wie Jagdbomber aus. Ich verstand nun besser die Angst auf der „Ubena" in der Danziger Bucht, wenn beim Fliegeralarm die Geschütze besetzt wurden, auch die Erlösung, wenn es keine Flugzeuge, sondern nur ewig hungrige Möwen waren.

Am Heck steht keiner lange allein. Und so war es auch diesmal. Anton Bartels machte wie wir die erste Kreuzfahrt, er seine erste Reise zur See überhaupt. Der Elmshorner war Abteilungsleiter eines bekannten Kaufhauses und der typische Biertrinker. Es ging etwas Urgemütliches von ihm aus, und nichts schien ihn aus der Ruhe zu bringen.

Bartels nahm einen gewaltigen Rundblick, atmete kräftig die ozonhaltige Seeluft ein und stellte nachdrücklich fest: „Weit sind wir ja noch nicht gekommen!"

„Das ist richtig", bestätigte ich und fügte genauso ernst hinzu, „aber drüben ist ja schon der Horizont!"

Ein Weilchen Pause, er überlegte, wie ich das wohl gemeint haben könnte, aber er gab sich keine Blöße, spuckte noch einmal über die Reling, als wollte er mir sagen, das, mein Freund, geht entschieden zu weit. Dann drehte er sich langsam zu mir herum, suchte meinen Blick und sagte tieftraurig: „Ich habe Angst, daß wir den nie erreichen!"

„Das Schiff ist zu langsam, es müßte ein paar Knoten schneller laufen!"

„Doppelknoten, sozusagen..."

Ich gab es auf, und wir gingen zusammen ein Bierchen trinken; auf die Knoten, die Doppelknoten, den nie erreichbaren Horizont kamen wir nicht mehr zu sprechen.

Bevor die Nacht vorbei war, lagen wir im Hafen. Als in grauer Vorzeit die Reichtümer der Erde verteilt wurden, übersah der Herrgott die kargen Felsen der Shetlandinseln vor seiner Haustür. Im Laufe der Jahrhunderte haben Generationen von Bewohnern nicht zur Kenntnis nehmen wollen, daß die erdgeschichtliche Zusammensetzung abgeschlossen ist, und so haben sie unverdrossen an jeder Wegkreuzung ein Gotteshaus hingestellt. Weil aber keiner der Insulaner seiner Sache sicher war, teilten sich die Eingeborenen auf in bibelfeste Methodisten, sittenstrenge Baptisten, sangesfreudige Protestanten, eifrige Katholiken, Sektierer, Bibelgruppen und sicher auch Gottgläubige. Um die wenigen verbliebenen Ungläubigen stritten sich die Pfaffen, zuerst mit der Heiligen Schrift und, wenn es nicht half, mit dem eisernen Besen, wie das so Usus war, nicht nur auf den Shetlandinseln.

Es war Sonntag, ausgestorben lag Lerwick, lag die Mainroad und geschlossen hatten selbst die Kirchen. Nur ein schmalbrüstiger Geistlicher versuchte, bummelnde Kreuzfahrer mit frommen Sprüchen vom Pfad der Sünde abzubringen.

Nichts gab es hier außer Fisch, und nichts außer Fisch geht auf den Shetlandinseln, die wie hingekotzt mitten in Gottes großem Tümpel liegen. Wer hier wohnt, lebt als Parasit vom Meer.

Auch das aus mächtigen Quadersteinen gemauerte Stadthaus war nicht geöffnet. Ein Relief an der Rückseite erinnert an die militärische Bedeutung der Inseln im Zweiten Weltkrieg. Schon wollte ich weitergehen, als mein Blick durch eines der Fenster in den Raum fiel. Es waren nicht die klotzigen Stühle der Ratsherren, die mein Interesse weckten, sondern die Bleiglasfenster. Eines zierte das Wappen der Stadt Hamburg. An diesem tristen Vormittag fand ich keinen Menschen, der meine Neugier stillte, der mir sagte, warum Hamburg der Stadt Lerwick dieses Geschenk gemacht und warum dieses Wappen den Krieg überstanden hatte.

Es war noch die Zeit, als das Meer groß und nicht in kleine Wirtschaftszonen aufgeteilt worden war, als die Fische munter, wenn auch staatenlos, umherschwammen, verfolgt von harten Männern mit zerschundenen Händen auf ständig schaukelnden Fischdampfern. Sie kannten nichts anderes, als jahrein, jahraus auf dem Schlachtdeck im eiskalten Wasser zu stehen und für einen Hungerlohn zu schuften. Die Fischersleut' waren in jeder Hafenkneipe an ihren aufgerissenen, vereiterten Händen zu erkennen und vielleicht noch am ständigen Durst.

Einer dieser verrosteten Dampfer, die „Schaarhörn" aus Hamburg, befand sich im Fanggebiet östlich der Shetlandinseln. Der aus Nordwesten peitschende Sturm drückte die dicke, schwarze Rauchwolke auf die See, die ein weißes, gischtzerfleddertes Kleid trug. Seit einer Ewigkeit wehte es ununterbrochen aus allen Knopflöchern, und ein Ende der Schlechtwetterperiode ließ sich nicht am Barometer ablesen, so kräftig auch Schipper Henner Jensen daran klopfte, fluchte, und wenn keiner zuhörte, wohl auch betete.

Nichts hatte geholfen. Zwei Netze waren zerrissen, und jetzt lag der Fischdampfer beigedreht, um den Sturm abzuwettern. Mochte Gott oder wenigstens der Teufel wissen, wann sie wieder fischen konnten. Viel Zeit blieb ihnen nicht, denn die Bunkerkohlen reichten nur noch wenige Tage. Als der Kapitän einsah, daß ihn das Glück verlassen hatte, war es zu spät. In Sichtweite der zerklüfteten Küste blieb der Dampfdruck weg, die Feuer vor den Kesseln verloschen. Hilflos trieb die „Schaarhörn" auf die Küste zu und strandete unweit von Whalsay. Der Besatzung gelang es, sich in ein altes, steinernes Gemäuer zu retten. Irgendwann in der Mitte des 16. Jahrhunderts hatten es Hanseaten errichtet, um in den Wintermonaten Schutz vor Wind und Wetter zu finden. Vor allem diente das aus grauen Feldsteinen gebaute Gebäude dazu, mitgebrachte Waren zu lagern.

Inzwischen ist diese alte Niederlassung mit Spendengeldern, auch aus Hamburg, restauriert worden. Im „Hanseatic Booth" soll ein Museum errichtet werden, das die Geschichte und die Verbindungen aufzeigt, die zwischen Hamburg und den Shetlandinseln bestanden.

Es waren Lerwicker Fischer, die sich auf die Suche nach den Überlebenden der „Schaarhörn" machten und sie schließlich in dem verfallenen Gebäude fanden, fast erfroren und verhungert. Sie wurden nach Lerwick gebracht und dort versorgt. Als Dank dafür schenkte die Freie und Hansestadt Hamburg den Lerwickern eines der Bleiglasfenster für das gerade im Bau befindliche Rathaus.

Ungeliebter Schichtwechsel

Schon die Arbeiter der zweiten Schicht auf den Werften waren gegenüber ihren Kollegen der ersten Schicht deutlich benachteiligt. Heute wären sie wahrscheinlich über einen festen Arbeitsplatz froh, aber der nachlassende Schiffbau stellt selbst die Tagesschicht in Frage. Fast schon vergessen sind jene Zeiten, als in der Hochkonjunktur rund um die Uhr geschuftet wurde.

An Bord unseres Schiffes hieß die Schicht vornehmer ausgedrückt „Sitzung", und die Reisenden mußten die Passage auch nicht abarbeiten, obwohl das viele Essen eine ähnliche körperliche Anstrengung erforderte. Außerdem war die Verpflegung wesentlich besser, als ich angenommen hatte, wohl wissend, daß es Kreuzfahrtschiffe der Luxusklasse auf den sieben Meeren gibt, die 5-Sterne-Restaurants Paroli bieten können.

In den farbig gestalteten Prospekten der Charterer heißt es beruhigend, daß eine Benachteiligung der zweiten Sitzung völlig ausgeschlossen ist. Danach zu urteilen hätten die Reisenden mehr Zeit und könnten nach dem Essen am Tisch sitzen bleiben. Sich für die zweite Sitzung (Schicht) zu entscheiden, wäre demnach ein zusätzliches Präsent an den Magen. Das Wort „völlig" hätte mich zur Vorsicht mahnen müssen, aber wer liest in solchen Unterlagen schon das Großgedruckte? Wahrscheinlich war ich froh, daß mir überhaupt Essen in Aussicht gestellt wurde. Auf jeden Fall traf ich es besser als der amerikanische Reiseschriftsteller Mark Twain, als er per Schiff unterwegs war: „Wir bekamen die gewöhnliche Schiffskost – gute und reichliche Nahrung, wie sie die Vorsehung spendet – aber in des Teufels Küche gekocht!"

In der Praxis hat sich die Aufteilung der Passagiere in zwei Sitzungen als rein wirtschaftlich vertretbare Maßnahme herausgestellt. Die Nachteile begannen schon beim Wecken, wenn die stets ausgeschlafene Uschi alle Passagiere zur gleichen morgendlichen frühen Stunde hochscheuchte. Wenn die erste Schicht schon gemütlich Kaffee trank und Eier mit Speck zu sich nahm, lagen wir hellwach auf unseren Betten und verfolgten sehnsüchtig den Minutenzeiger auf seiner stündlichen Rundreise. Für einen Tierpsychologen ist das nichts anderes als Futterneid, aber mach' mal was dagegen.

Saßen wir endlich am stets sauber und freundlich eingedeckten Frühstückstisch und labten uns am heißen Kaffee, hatten die Gäste der ersten Sitzung ihre Chancen schamlos genutzt und auf den sonnenbeschienenen Decks die besten Plätze und sämtliche Liegestühle besetzt oder belegt. Bei passender Gelegenheit habe ich mich vertrauensvoll an ein Ehepaar gewandt und an ihr Gewissen appelliert, daß Rücksichtnehmen eine große menschliche Tugend sei.

„Und Sie würden die besten Plätze freihalten?" fragte scheinheilig der Lebensinhalt von Heiner Barsch, eine wasserstoffgefärbte Blondine, die auf den steilen Niedergängen (Treppen) mit ihren ständig zu kurz geratenen Röcken auf sich aufmerksam zu machen versuchte. Für Strümpfe oder Strumpfhosen, so genau weiß ich das nicht mehr, sollen ihre Beine Modelle gestanden haben.

„Selbstverständlich", behauptete ich, ohne mit der Wimper zu zucken, schließlich kannte ich mich in mir aus.

„Dann ist doch alles in Ordnung, Sie haben doch nun die Plätze, die Sie an unserer Stelle eingenommen hätten, oder?"

Weises fiel mir erst ein, als es für eine zu mir passende Entgegnung zu spät war. Doris hatte mich resolut am Ärmel gepackt und von dem Weib fortgezogen. Kein Wunder, daß im Verlauf einer längeren Reise gelegentlich Frust aufkommt, aber auch die Möglichkeit, sich zu rächen.

Die Teilnehmer an der zweiten Schicht fielen alsbald durch ihre vornehme Blässe und ihr gehetztes Wesen auf. War es in der Magdalenenbucht anders? Keineswegs! Während sich die Teilnehmer der ersten Sitzung schon an Land befanden und im Gräberfeld nach Steinen für ihren Wintergarten suchten, hockten wir noch frierend in den Booten unterhalb des Waggongletschers. Kaum angelandet, hatten wir gerade noch Zeit, uns vom Bordfotografen ablichten zu lassen. Die meisten Bilder sind immer gut gegen die Erinnerung.

Selbst das Kulturprogramm wurde zunächst den Schwestern und Brüdern der anderen Eßgruppe angeboten. Kreuzfahrer der zweiten Schicht haben an Bord nichts zu lachen. Wir jedenfalls kamen uns wie Zweitkinder einer Großfamilie vor, die in Anbetracht der sozialen Struktur die abgetragenen Kleider der älteren Geschwister auftragen müssen.

Wen wundert es, daß sowohl Mister als auch Lady „Odessa" zu der Kaste gehörten, die vor uns im Restaurant bedient wurde. Eines muß der Vollständigkeit halber hinzugefügt werden: Wenn das Klima am Tisch nicht stimmt, die Chemie, dann können Sie die ganze Kreuzfahrt vergessen! Die Wahl eines mittelgroßen Tisches verhindert, von der Gemeinschaft ausgeschlossen zu werden, und bietet außerdem die Gewähr, im aufmerksamen Schweigen kleine Bildungsunebenheiten zu verstecken.

Der Zufall wollte es, daß mir beim Eintritt in die schummrig beleuchtete Arcadia-Bar Liselotte Müller aus Lübeck-Moisling in die Arme fiel. Sie hatte sich mit dem Absatz ihrer hochhackigen Pumps im Saum ihres verwegen ausgeschnittenen Abendkleides verfangen und wäre gestürzt, wenn ich ihr nicht im Wege gestanden hätte. Ihre Entschuldigung wischte ich mit einem Lächeln fort. Als sie mit abgestreiften Schuhen neben mir auf dem Barhocker saß, klagte sie über die Trägheit ihres Lebensgefährten, die sie zur Verzweiflung brachte, und: „Also, so schön die Reise auch ist, nie wieder ‚erste Sitzung'!"

Ich glaubte, meinen Ohren nicht zu trauen, stürzte doch mein Weltbild ein: „Wie meinen Sie das, schöne Frau?"

Sie war vom Tanzen noch ein bißchen außer Atem: „Wenn ich daran denke, wie gut Sie es morgens haben! Wenn wir gnadenlos aus den Federn geworfen werden von dieser Uschi, die werde ich noch umbringen, mitten in der Nacht, nur um zu frühstücken, dürfen Sie noch schlafen!"

Sie können mit meiner Frau tauschen, wollte ich vorschlagen, kam aber nicht dazu, meinen witzigen Gedanken zu äußern, denn sie war keineswegs am Ende ihrer Beschwerde angelangt: „Und überhaupt, immer werden die anderen bevorzugt! Stundenlang müssen wir im Musiksalon oder im Kino auf Gäste der zweiten Schicht warten. Das macht doch auf Dauer keinen Spaß! Und wo sitzen die besten Tänzer, die besten Männer? Natürlich in der zweiten Sitzung! Das ist ja gerade so, als ob Sie mehr bezahlt hätten als wir!"

Sie unterschlug, daß die Passagiere der ersten Schicht im Musiksalon und im Kino natürlich die besten Plätze besetzt beziehungsweise belegt hatten. Von Männern jedenfalls verstand sie etwas. Ihre Worte waren mehr als eine Einladung; aber was gerade gespielt wurde, konnte ich nicht tanzen, und als endlich – um die Zeit zu überbrücken, war ich emsig mit meinem Glas beschäftigt – ein Tango erklang, tauchte aus der Versenkung ihr Lebensgefährte auf und schleppte sie einfach ab. Wahrscheinlich hatte er eine ähnliche Volkstanzschule besucht wie ich vor vielen Jahren. Und während die Kapelle „Unter der roten Laterne von St. Pauli . . ." intonierte, schob Liselotte Müller Backe an Backe mit ihrem Heini ab. Ich verschwand, denn die Aussicht, daß die Kapelle nach diesem Tango an diesem Abend noch einen weiteren spielte, war denkbar gering.

Kapitänsdinner

Das Kapitänsdinner ist eine der schönsten Erfindungen rühriger Kreuzfahrtmanager. Sie sind verurteilt, abwechslungsreiche Fahrten zu organisieren, damit sich ihre Passagiere wohlfühlen und wiederkommen, und sie haben es geschafft.

Meer allein zum Überfluß reicht nicht aus! Auf den großen Musikdampfern gab es einen richtigen Kapitänstisch. An ihn gesetzt zu werden, hatte mit Kunst, Kultur, auf jeden Fall aber mit Reichtum, Ansehen und Beziehungen zu tun. Und wehe, die Passageabteilung spurte nicht oder der Zahlmeister an Bord vergaß, die entsprechenden Instruktionen umzusetzen. Die umgehende Versetzung auf ein kleineres Schiff in einer unattraktiven Fahrt war noch das kleinere Übel, aber schlimm genug, war damit doch ein erheblicher Verdienstausfall verbunden.

Mit dem Ende der klassischen Linienfahrt fielen viele Vergünstigungen weg. Auch der Kapitänstisch wurde aufgegeben, der Kapitän speist in den meisten Fällen nicht mehr zusammen mit seinen Passagieren, sondern mit seinen Offizieren, und repräsentiert nicht mehr die Reederei im Stil einer verlorengegangenen Epoche, sondern führt zunächst einmal das Schiff und überläßt die Gäste den Animateuren. Um aber an den Glanz jener sagenumwobenen Musikdampfer anzuknüpfen, wurde von den Reiseveranstaltern das Kapitänsdinner zu einer Sternstunde jeder Reise hochstilisiert.

Kaum hatten wir uns auf dem Schiff eingelebt, klingelte das Telefon in der Kabine. Es meldete sich fast schüchtern die Reiseleiterin und fragte, ob wir Interesse hätten, heute am Kapitänstisch zu dinieren. Wir sagten aus unterschiedlichen Gründen erfreut zu, meine Frau, weil sie das als Auszeichnung betrachtete, ich, weil ich es für selbstverständlich hielt. Begleitet von einer im Eiskübel steckenden Flasche Krimsekt folgte eine schriftliche Einladung des Kapitäns. Die Reise verlief vielversprechend und versöhnte mich mehr und mehr.

Sollte die Buddel so eine Art Wiedergutmachung sein, war sie fehl am Platze. Wollte der Kapitän jedoch, daß wir mit fröhlichen Gesichtern ihm gegenübersaßen, so konnte ich das arrangieren. Ich ließ den Korken knallen. Entsprechend albern zogen wir uns um, dies war für meine Frau die Gelegenheit, das zweite Abendkleid auszuführen, auf ganz kleinen Schuhen, die sie vorhin im Bordshop entdeckt hatte. Es waren italienische Schuhe, also Behältnisse für Füße, die von außen klein wirken, innen aber viel Platz bieten, im krassen Gegensatz zu meinen Tretern. Ein selbstzufriedener Blick noch in den Spiegel: Wenn ich den Bauch einzog und die Luft anhielt, hatte ich immer noch eine sportliche Figur. Was mir fehlte, war eine Kummerbinde, jenes schwarze Leibchen, mit dem sich der Bauch wegdrücken läßt.

„Du mußt einfach mehr abnehmen, immer nur zwischen den Mahlzeiten zu hungern, reicht nicht", behauptete Doris und trat hinaus auf den Gang. Vor dem Restaurant begrüßte uns die Reiseleiterin und stellte uns erneut dem Kapitän vor. Ich nahm ihm das nicht weiter übel, denn meine Probleme, Namen zu behalten, konnten auch von ihm nicht übertroffen werden. Schon aus diesem Grund hätte ich eine Kommandierung auf einen Musikdampfer ablehnen müssen. Ein paar unverbindliche Worte wurden zwischen Tür und Angel wie warme Händedrucke gewechselt. Keiner hörte zu. Dann stürmte entschlossen, als gelte es ein feindliches Schiff zu entern, das lächelnde Energiebündel Kapitän, ganz in Weiß und goldbetreßt an der Tete der achtköpfigen Gemeinde in den festlich hergerichteten Speiseraum. Scheinbar gelangweilte Mitreisende musterten den Gastgeber und uns als Gefolge. Bis zur Tafel konnte ich mühelos die Luft anhalten. Schweres Silber zierte die Freßstätte und zeichnete ein prächtiges Bild. Es erinnerte an russische Gastfreundschaft, als Fürst Stroganoff den Zaren bewirtete oder die Zarin verführte. Wer kennt sich schon von uns Deutschen in russischer Geschichte aus? Und ohne unserem Kapitän zu nahetreten zu wollen, hat er doch mit großer Wahrscheinlichkeit diesen vorsozialistischen Teil auch nicht gelernt. Gastfreundschaft aber kommt aus dem Herzen!

Während aufmerksame Stewards nur abgestellt worden waren, um unsere Pokale und Teller zu füllen, ergriff unser 47jähriger Gastgeber zuerst den silbernen Wodkabecher und dann das Wort. Ausgesprochen primitiv und undankbar wäre gewesen, wenn wir nur verschämt am Kelchrand genippt hätten. Kaum aber hatte ich das wertvolle Trinkgefäß abgesetzt, wurde es bis zum Rand wieder vollgeschenkt, pausenlos. Auf die Dauer hält das kein Russe aus, dachte ich.

Die Speisenfolge aufzuzählen würde länger dauern als das gesamte Kapitänsdinner. Darum breche ich die Schilderung nach dem eisgekühlten Kaviar vorzeitig ab. Zwischen den einzelnen Gängen brachten eifrig Futternde unterschiedlich lange, zumeist aber sehr kurze, prägnante Toasts aus, auf meinen Bilderbuchkapitänskollegen natürlich, das schöne Schiff, die herrliche Reise, die großartige Reederei, die netten Passagiere, den Charterer, den Frieden mehrfach, die stolzen Frauen allgemein und die am Tisch sitzenden ganz besonders und immer wieder auf die Liebe. Weil wir die Völkerfreundschaft vergessen hatten, mußten wir noch einen doppelten Wodka trinken, der Kapitän, oder war es der sich auffällig im Hintergrund haltende Politoffizier, bestand darauf.

So familiär die Stimmung war, so aufgeräumt der Kapitän und seine handverlesenen Offiziere, so beängstigend war das von ihnen gemeinsam inszenierte Tempo. Stundenlang hätte ich liebend gerne an der Tafel zugebracht und zugelangt, auch geplaudert, es gab schließlich noch etliche weltbewegende Probleme zu lösen, von denen die atomare Bedrohung das kleinste war, doch daraus wurde an diesem Abend nichts. Eine große Chance wurde vertan. Ehe ich mich versah, wurden Stühle gerückt, Bestecke abgeliefert und eilig fortgetragen, als ob meine Sammelleidenschaft für altes Tafelsilber verraten worden wäre. Lächelnd musterte der Kapitän die ihn erwartungsvoll anhimmelnde Runde und las aus unseren leicht wodkagetrübten Augen satte Zufriedenheit heraus. Er bedankte sich bei uns für den netten Abend, bedauerte, ihn beenden zu müssen, denn die zweite Schicht wartete schon vor dem Restaurant, endlich eingelassen zu werden. Es stimmt schon, daß eine Reederei nur einen Faulen an Bord ernähren kann: den Kapitän, aber was ist das für ein Leben! Während sich unsere Tischgemeinschaft auflöste, stand Kapitän Yury Khromykh wieder an der Tür zum Restaurant und begrüßte höflich und stocknüchtern – wie es sich ziemt für den Kapitän eines Passagierdampfers – die Teilnehmer der nächsten Schicht am Kapitänstisch, als hätte es uns nicht gegeben.

Armer Kapitän, und dabei sah der Mann schlank aus wie ich vor zwanzig Jahren. Immerhin schaffte es meine Frau mit Hilfe meines Armes und eines Shantys bis zur eigenen Kabine, dann fielen mir meine Bullaugen zu, und ich muß vor Hunger eingeschlafen sein.

Jede Nacht endete mit Uschi

Der Tagesspruch am 13. Tag der großen Nordmeer-Kreuzfahrt hieß: „Viele Leute glauben, wenn sie einen Fehler erst eingestanden haben, brauchen sie ihn nicht mehr abzulegen." Diese weisen Worte stammen weder vom Kreuzfahrtdirektor noch vom Kapitän, sondern von Marie von Ebner-Eschenbach. Daß diese Frau uns heute noch etwas zu sagen hat, bewiesen wir Passagiere täglich, auch Uschi, mit der ich jede Nacht an Bord beendete. Von Hannelore Dorgeist stand nichts auf dem Programm, was mich weiter auch nicht wunderte, denn Frauen nehmen ernsthafte Rivalinnen nicht zur Kenntnis. Indem sie sie ignorieren, sind sie nicht vorhanden! So ist das mit den kleinen Weisheiten der Marie von Ebner-Eschenbach.

Mitten in der Nacht, noch bevor der bordeigene Hahn auf der Brückennock krähend den Führer des Schiffes weckte, flüsterte unmittelbar neben meiner Koje eine einfühlsame zärtliche Stimme: „Guten Morgen! Es ist sieben Uhr, und unser Schiff hat seit Bremerhaven 887 Seemeilen zurückgelegt. Der Himmel ist zwar bedeckt, und es schaukelt auch ein bißchen, aber vielleicht kommt noch die Sonne hervor . . ." Das war Uschi, und sie plapperte diese Sprüche in leicht abgewandelter Form jeden Morgen, mal um sieben Uhr, mal eine halbe Stunde später, je nach Lust und Laune, nur nie nach meiner Schlafgewohnheit. Meine Frau ließ sich von Uschi nicht stören, wohl weil sie zwar verbal, aber nicht körperlich präsent war, und bat mich, endlich das blöde Radio abzustellen. „Die Stimme nervt mich!" sagte sie und zog die Decke über den Kopf. Hellwach wäre sie gewesen, wenn das Hannelore gewesen wäre, da bin ich mir ganz sicher!

Vorsichtig, um keine wichtigen Körperteile zu verletzen, schlug ich die Sichtblenden unter meinem Pony hoch und suchte freihändig nach einem Schalter an dem zwischen unseren Schlafplätzen eingebauten Gerät, ohne jedoch Uschi zum Schweigen bringen zu können.

„Das Weib läßt sich nicht abstellen, sie hat eine Traumrolle", entrüstete ich mich und ließ sie weiterschwatzen, von einer Position, die wir erreicht hatten, von Inseln, die uns in der abgelaufenen Nacht gefährlich entgegengekommen waren, und schließlich von Willy, der uns alle irgendwo auf dem Schiff sehnsüchtig erwartet, nicht Hannelore Dorgeist, was manchen der männlichen Passagiere eher bewogen hätte, aufzustehen.

Diese bordeigene, wenn auch zum Glück für die Mitmenschen nicht über unser Schiff hinausreichende Sendestation „Radio Odessa" ließ sich damals jedenfalls nicht ausschalten und signalisierte auf markante Weise, daß die Wahlmöglichkeiten unter russischer Flagge stark beschränkt waren. Wahrscheinlich konnte man mit Hilfe dieser eingebauten Geräte nicht nur senden, sondern auch empfangen. Für möglich halte ich das heute noch, auch wenn es nicht stimmen sollte. Abgeschnitten vom üblichen Nachrichtenstrom blieb die „Odessa" eine schwimmende Insel im Meer, was boshaft veranlagte Menschen verleitet zu behaupten, daß selbst Koexistenz käuflich sei. Wenn in diesen achtzehn Tagen in der Bundesrepublik eine Revolution ausgebrochen wäre, wir an Bord hätten davon nichts erfahren und wären als Sozialisten heimgekehrt. Um unsere Fortbildung besorgt, konnten Spätkapitalisten sowohl um neun als auch um zwölf Uhr über das Kabinenradio die deutschsprachige Sendung hören „Odessa – die Heldenstadt", jedenfalls an diesem Tage, aber an jedem gab es ein politisches, vom Politoffizier des Schiffes gestaltetes Thema. Inzwischen dürften ähnliche Sendungen dem Zeitgeist geopfert worden sein, was den Reisenden wahrscheinlich nicht auffällt, weil sie früher nicht zugehört oder das Gerät nicht eingeschaltet hatten.

Sollte ich nun Uschis Ruf folgen oder doch lieber nicht? Was mich hier erwartete, wußte ich, nicht aber, was sich Uta im Musiksalon für mich ausgedacht hatte, also hoch mit dem Hintern und nachgeschaut. Eine gute Handvoll stark beleibter Mitmenschen bemühte sich, Utas Anweisungen zu folgen und den nachtgeschädigten Körper durch Gymnastik in Form oder wach zu kriegen. Der Anblick genügte vollkommen, ich begab mich unter die Dusche und dann an Deck, um an der schon geöffneten Schalanda-Bar eine große Muck Kaffee zu trinken. Das strengte weniger an als Frühgymnastik, außerdem traf ich hier in schöner Regelmäßigkeit eine Handvoll Nachtschwärmer, unter ihnen natürlich Hannelore, die zu dieser Zeit allerdings etwas mitgenommen aussah. Gesprochen wurde nie viel. Wahrscheinlich fiel ihnen das Öffnen des Mundes so schwer wie das Offenhalten der Augen. Ihnen entging, daß zu den schönsten Tageszeiten auf See die Minuten zählen, wenn die Sonne am Horizont einen Klimmzug macht und das Meer mit breitem Pinselstrich himmlisch färbt. Unsere altvorderen Kollegen, die noch mit hochgetakelten Windjammern um die Erde segelten, brauchten Uschi nicht und ihre Wettervoraussage. Ihnen genügte ein Barometer, die Wolkenbildung und die Farbe der auf- und untergehenden Sonne. Wir Dampferleute haben das verlernt wie so vieles andere. Zu denen, die statt zu schlafen Karten spielten, gehörten drei Männer aus dem Ruhrpott.

Feministinnenskat mit Heinz

Die drei aus dem Ruhrpott waren schon harte Kerle. Wenn die Mitreisenden aufstanden, gingen sie schlafen. Nachts, behaupteten sie, würde ihnen das ganze Schiff gehören. Keiner würde sie stören und sagen, was sie auszuspielen hätten. Damit konnte nur ich gemeint sein, aber ich war nicht nachtragend. Abgesehen davon hatte ich schnell herausgefunden, daß Martin liebend gerne mauerte und wie ein Aasgeier auf „Kontra" und „Re" aus war, dann blühte er auf. Wenn er stechen konnte, begleitete er die auf den Tisch fliegende Karte mit einem mundgeblasenen Tusch. Sie spielten leidlich gut, um Geld und schrieben an. So wie sie Skat droschen, konnte es nur um Bruchteile eines Pfennigs gehen, nahm ich an, als sie mich aufforderten, für Andreas einzuspringen, der unbedingt eine Pause einlegen wollte. Ich ließ mich nicht bitten, so unhöflich kann ich gar nicht sein, und so übel war mein Blatt keineswegs. Geschummelt wurde nicht. Diesbezügliche Befürchtungen erwiesen sich als grundlos, auch paßten sie wie die Füchse auf. Trotzdem war ich erstaunt, daß ich nach nur sechzig Minuten etwas mehr als 22 Mark verspielt haben sollte. Das konnte wohl nicht mit rechten Dingen zugegangen sein. Mit aufreizender Gelassenheit beglich ich meine Spielschulden.

„Es tut uns leid", bequemte sich Martin zu erläutern, was nun nicht mehr notwendig war, „wir hätten Ihnen sagen sollen, daß wir diese Kreuzfahrt aus den Spielerlösen bestritten haben. Im nächsten Jahr wollen wir in den Indischen Ozean. Wenn Sie also noch mal Lust haben sollten..."

War ich verrückt, den Kumpels von der Ruhr die Kreuzfahrten zu finanzieren? Es gab ja noch Heinz vom „Odessa"-Team. Er lud jeden Tag Skatfreunde in die Arcadia-Bar ein. Nach gemeinsamem Frühstück hatte meine Steuererleichterung an der Vorstellung des neuen Transocean-Tours-Programms im Musiksalon teilgenommen und begann, von einer schönen Kreuzfahrt in den Indischen Ozean zu schwärmen. Allein die Erwähnung dieses Meeres genügte mir zu behaupten: „Das kommt überhaupt nicht in Frage, und schon gar nicht in den Indischen Ozean!" Ich hatte genug von Martin, Andreas und seinem geldgierigen Genossen. Wahrscheinlich arbeiteten alle drei auf dem Finanzamt in Bochum.

Natürlich kann auch Doris Skat spielen, nicht so meisterlich wie ich, aber für Kutscherskat reicht es allemal. Heinz von der Reiseleitung konnte allerdings nicht wissen, daß meine Frau vor Jahren schon die Quotenregelung im Skatspiel eingeführt hatte. Und weil ich den häuslichen Frieden nicht gefährden wollte, nur weil sich mein bestes Stück auf einem Selbstfindungstrip der Volkshochschule befand, hatte ich mich damit einverstanden erklärt, daß die beiden mittleren Buben gegen Pik- und Herz-Dame wegen der Gleichberechtigung ausgetauscht wurden. Nach kurzer Eingewöhnungsphase funktionierte das problemlos. Vielleicht hätten wir Heinz von dieser Änderung unterrichten sollen, als er die Karten mischte und verteilte; aber mir hatte ja auch keiner vom Pfennig-Skat erzählt.

Schon nach dem ersten und letzten Spiel war uns beiden klar, daß Heinz keinen Funken von Humor besaß und Skat für die Materie hielt, die unsere Welt bewegt. Er wollte einen Grand mit 4 Buben spielen und verlor haushoch mit Kontra, Re und allem, was uns und ihm einfiel. Natürlich stach ich seinen Pik-Buben mit meiner Herz-Dame, und er mußte froh sein, aus dem Schneider zu kommen. Überreizt hatte er sich außerdem.

Haben wir beide gelacht und uns anschließend über die Buddel Krimsekt hergemacht, die Heinz außer den 23 Mark verloren hatte. Skat gespielt hat er allerdings nicht mehr mit uns, aber wie schon erwähnt, Heinz hatte keinen Funken Humor.

Doris hielt das anschließend schlechte Wetter für eine gerechte Strafe. Es wehte brutal aus westlicher Richtung, und die aktiv wirkende Anlage zur Verringerung der Rollbewegungen im Seegang zeigte die Grenzen der Schiffstechnik gegenüber den Naturgewalten auf. Die elektronisch gesteuerten Flossenstabilisatoren der „Odessa" waren überfordert und konnten nicht alle Reizungen in den Bogengängen der Gleichgewichtsorgane der Passagiere besänftigen. Und Seekrankheit steckt schneller an als Masern. Auch meine Frau lag platt in der Koje und weigerte sich aufzustehen, nicht aber zu essen. Auf dem Weg ans Meer traf ich Hannelore Dorgeist. Die Tochter eines Blankeneser Kapitäns hatte ebenfalls Gleichgewichtsstörungen, was nur beweist, daß Seebeine nicht vererbbar sind. Meinem Naturell entsprechend bot ich ihr ein Vorbeugungsmittel aus meiner eigenen Sammlung an, weil man nie vorsichtig genug sein kann. Ihr blasses Gesicht drehte sich mir zu, als sie ablehnte: „Danke, aber vorbeugen kann ich mich noch!"

Und das konnte sie wirklich. Zum Glück für das Reinigungspersonal bekam sie eine der braunen Tüten zu fassen, die von unsichtbaren Geistern rechtzeitig hinter die Handläufer in den Betriebsgängen gesteckt worden waren, pro laufenden Meter eine papierne Spucktüte. Inzwischen hatten sich diese Reihen gelichtet. Seekrankheit riecht noch schlimmer, als sie ist!

Ich betrat auf Leeseite das Deck, nachdem ich vergeblich versucht hatte, die Tür auf der dem Winde zugekehrten Schiffsseite zu öffnen. Nur ein paar Hartgesottene trieben sich draußen herum und ließen sich den kalten Wind um die Nasen wehen. Es waren alles geborene Kreuzfahrer, sturmerprobt. Wir bewunderten die Kraft der Seen, die sich unserem Schiff entgegenstellten. Zunächst hatte ich vorgehabt, auf die Kommandobrücke zu gehen, um nach dem Rechten zu sehen. Vielleicht wurde ein erfahrener Kapitän gebraucht, der das Schiff in allerletzter Minute vor dem Scheitern bewahrte. Ich sah dann aber davon ab, weil sich das Schiff ausgesprochen gutmütig verhielt und den Passagieren keine Gefahr drohte, jedenfalls nicht im Augenblick.

In einer der wenigen windgeschützten Ecken, von der aus wir einen großartigen Überblick über die aufgerissene See hatten mit ihren schaumgekrönten sich überschlagenden Brechern, drängten wir uns zusammen. Gischt fegte immer wieder über das Bootsdeck.

„Gibt es überhaupt ein unfehlbares Mittel gegen See-krankheit?" wollte einer aus der Gruppe wissen, der seinen bemützten Kopf wie alle in den Jackenkragen eingezogen hatte.

„Doch", behauptete ich, ohne mich umzudrehen, „sich gemütlich unter einen blühenden Apfelbaum legen, das hilft garantiert!"

Stadt ohne Hundesteuer

Politiker aus Bund, Ländern und Gemeinden bemühen sich, immer neue Steuerarten und Abgaben zu erfinden, als hätten wir sie einzig aus diesem Grund in die Parlamente gewählt. Noch sind Kreuzfahrten luxussteuerfrei, aber vielleicht ist das nur eine Frage der Zeit. Die norddeutschen Gemeinden sind dabei, die Hundesteuern drastisch anzuheben, weil die kläffenden Vierbeiner zu oft die Beine heben, und das schadet der Umwelt. Die Hauptstadt Islands, Reykjavik, verzichtet freiwillig auf dieses Geld, mehr noch: In dieser am Rande der See gelegenen Stadt sind Hunde verboten. Der Vorteil ist unübersehbar, denn die Isländer gehen nicht gesenkten Hauptes durch die Straßen ihrer Metropole, sondern richten ihre Blicke nach oben zu den vollgefressenen Möwen, die hier nicht Emma, sondern Dorte heißen.

Nach stürmischer Überfahrt erreichte die „Odessa" mit zweistündiger Verspätung den Ansteuerungspunkt vor Reykjavik. Weil ich mit den Gewohnheiten unseres russischen Kapitäns nicht vertraut war und nicht wußte, ob er sich, wie das auf deutschen Schiffen üblich ist, bei Anlegemanövern auf der Kommandobrücke aufhalten würde, auch am frühen Morgen, schlich ich mich aus der Kabine nach oben und nahm auf der Brückennock Platz, von wo aus ich am besten das Einlaufen des Schiffes in den Hafen verfolgen und notfalls eingreifen könnte. Meine langjährige Erfahrung reichte für diese Übung aus. Herrlich der Morgen, frisch und salzhaltig die Seeluft. Der Wind strich nur noch schwach über den Küstensaum. Von oben sah es aus, als hätten die Häuser ihre Dächer eingezogen. Auf der Pier warteten ein paar Hafenarbeiter, um die Leinen des Schiffes über die Poller zu legen. Einen Schlepper brauchte der Lotse nicht. Das Anlegemanöver wurde erheblich durch das Bugstrahlruder unterstützt, das unterhalb der Wasserlinie im Vorschiff quer zur eigentlichen Schiffsbewegung eingebaut ist. Es verhindert, daß der Bug beim Rückwärtsgang der Schiffsschraube ausbricht, und drückt auf entsprechende Signalgebung von der Brücke aus das Vorschiff an die Pier oder davon ab.

Unser Kapitän überließ, wie das auch auf unseren Frachtern üblich ist, dem Lotsen freie Hand und damit die Arbeit. Ihm genügte es, die Kontrolle und die Verantwortung zu haben. Als er abgelenkt durch seinen 1. Offizier für einen Moment seinen Platz verließ, beeilte ich mich, ihn einzunehmen, nicht um den Kapitän zu vertreten, es ging mir einzig darum, im Notfall das Schiff zu retten, mehr nicht.

Das Einklarieren des Schiffes – vergleichbar mit der Anmeldung eines Gastes an der Hotelrezeption – durch die Verwaltungsorgane der Stadt Reykjavik war rasch erledigt. Touristen, auch wenn sie mit einem Kreuzfahrtschiff kommen und abends wieder den Hafen verlassen, sind gerngesehene Gäste. Wandert doch so manche Mark in die Stadtkasse. Für die Ausfluggruppen standen nach dem Frühstück Busse bereit. Wir aber wollten uns in der Stadt die Beine vertreten und endlich wieder Land unter unseren Füßen spüren, das sich nicht bewegte. In jedem Handbuch über Island wird ausführlich über die Geiser berichtet, diese ständig sprudelnden heißen Quellen, die inzwischen wirtschaftlich genutzt werden. Auch über die Kirche der Stadt, die sicher noch im nächsten Jahrhundert als Baustelle besucht werden kann, gibt es seitenlange Abhandlungen. Wer aber weiß, daß sich in dieser Stadt die autofahrende Gesellschaft das Tempo von den Fußgängern diktieren läßt, obwohl es Ampelanlagen, Straßenkreuzungen und Hupen gibt?

Abrupt blieb meine Frau stehen, schüttelte den Kopf und fragte: „Warum gibt es hier keine Hunde?"

Sie hatte recht, keine Köter, kein Hundegebelle, keine verkoteten Bürgersteige. Mich brachte die Frage nicht in Verlegenheit: „Als 1924 der Bürgermeister von einem Hund bei der Ausführung seiner Amtsgeschäfte ins Hinterteil gebissen wurde, verbot der Gemeinderat das Halten von Hunden im Stadtgebiet."

Meiner Frau reichte die Erklärung nicht aus, und so fuhr

ich im Stil eines Reiseführers fort: „Das stimmt schon, aber der Hund hatte die Tollwut, was zunächst keiner vermutete, erst als der Bürgermeister die Mitglieder des Stadtrates biß . . .“

„Das ist verbrieft?“

„In der Chronik der Stadt steht das wahrscheinlich nicht, denn wie sich später herausstellte, hatte der Bürgermeister nur die Gelegenheit wahrgenommen, sich an der politischen Opposition zu rächen, ohne zur Rechenschaft gezogen werden zu können!“

Als sie an den Knöpfen meiner Jacke abzuzählen begann, ob es sich um Seemannsgarn handeln könnte, nahm ich sie mitten auf der Kreuzung in die Arme und deutete lustvoll auf die vor uns haltenden Kraftfahrzeuge, deren Fahrer weder meckerten noch irgendein Zeichen des Unmuts erkennen ließen.

„Was willst du eigentlich, mein Schatz, du siehst doch, daß hier alles möglich ist, und ist nicht eine Wahrheit so gut wie die andere?“

Quiz mit Willy

Wer die Wahl hat, hat die Möglichkeit, sich für eines von wenigstens zwei gleich großen Übeln zu entscheiden, behaupten der Volksmund und Großmutter Hedwig. Im Bordkino lief ein Film, der am Abend zuvor schon die Gemüter der Mitreisenden erhitzt hatte, obwohl er „Swimming Pool" hieß, eine höchst dramatische Handlung mit Mord, Sex, Liebe und einer hüllenlosen Romy Schneider. Als kulturelle Alternative bot die rege Kreuzfahrtleitung an: Quiz mit Willy im Musiksalon. Von einer Alternative konnte beim besten Willen nicht gesprochen werden, aber den Film kannte ich inzwischen auswendig, und nackter als nackt wurde Romy Schneider nicht.

Für einen Augenblick blieb ich an der Tür zum Musiksalon stehen. Unser Willy, im eierschalenfarbigen Anzug, bot ein Bild, so recht nach dem Geschmack der Muttis: eine gelungene Mischung von „Mister Wunnebar" und Rudi Carell in Kreuzfahrerausgabe. Er, auch ein Niederländer von Geburt an, hielt ein Pappschild hoch, auf dem die dänische Nationalflagge abgebildet war, und fragte pfiffig, zu welchem Land diese Fahne gehört. Wenigstens 200 Personen, alles Europäer, soweit ich das beurteilen konnte, saßen an den kleinen Tischen im Salon, die mit der Europäischen Gemeinschaft und der NATO groß geworden waren oder wenigstens mit dänischer Butter und Silthappen. Die schriftlich abgegebenen Antworten müssen furchtbar gewesen sein, denn Willys Moderatorengesicht zog sich wie ein Kaugummi in die Länge. Es hellte sich auch nicht auf, als auf die Frage, wie weit Bob Beaman 1968 in Mexiko gesprungen war, ein Spaßvogel „sehr weit" als Antwort einreichte, die Willy als richtig, aber unzureichend ablehnte.

Willy, für viele Dinge an Bord zuständig und mitverantwortlich, daß sich die Passagiere wenigstens amüsierten, tat mir, obwohl er hoffentlich dafür gut bezahlt wurde, aufrichtig leid. Er gab sich so viel Mühe mit der Unterhaltung, als Mann für alle Fälle. Und ich bin überzeugt davon, daß er auch beim Ausfall des Kapitäns dessen Posten hätte übernehmen können.

Es muß zwischen Mitternacht und Morgen gewesen sein, als ich ihn mutterseelenallein in einer der Bars antraf und Gelegenheit hatte, mich ein bißchen privat mit ihm zu unterhalten. Vor dem sich hinziehenden Gespräch hatte ich angenommen, daß Willy viel Spaß an Bord hatte. Auch der Umgang mit den Kolleginnen und Kollegen im Team schien problemlos, und natürlich gab es auch auf dieser Reise einige weibliche Alleinreisende, die sich nicht nur für den Kapitän interessierten. Ich hatte es schon bemerkt und fand das auch ganz normal, er aber nicht. Willy, der eigentlich Heinz hieß und unter dem falschen Namen litt, stritt alles ab. Demnach mußte die Arbeit für ihn persönlich die Hölle sein, die durch kein Geld der Welt kompensiert werden konnte.

„Suchst du dir eine Frau gleich aus, ist es bestimmt die falsche, wartest du und willst erst einmal das Angebot sondieren, kommst du mit Sicherheit zu spät und kriegst, was übrigbleibt, und das, mein Freund, ist nicht immer allerbeste Sahne. Und dann diese gelangweilt wirkenden Passagiere, die glauben, mit dem Fahrpreis auch ein Anrecht auf Unterhaltung erkauft zu haben. Ich gebe mir allergrößte Mühe, einfältig zu sein, werde aber immer wieder von Passagieren, wenn auch unfreiwillig, überboten. Sie können oft die einfachsten Fragen nicht beantworten. Das ist ein hartes Brot! Bei Carell lachen die Leute schon, wenn sie ihn nur sehen. Der braucht kein Wort zu sagen und doch wird gejubelt, oder nehmen wir Peter Frankenfeld . . ."

Ich unterbrach seine Ausführungen mit dem Hinweis, daß Peter Frankenfeld tot sei. Er blickte nicht einmal vom Glas hoch, als hätte er meinen Einwand erwartet: „Siehst du, wie recht ich habe, der ist lieber gestorben, als auf einem Kreuzfahrtschiff Witze zu erzählen!"

Um ihn zu trösten, auch um ihm zu helfen, denn Humoristen sind bekanntlich ständig auf der Suche nach neuen Gags und Geschichten, wollte ich ihm einen Witz erzählen, den ich neulich gehört hatte: „Auf einer Kreuzfahrt fand ein Mann seine Frau in den Armen eines russischen Stewards ..."

Er unterbrach mich mit der Bemerkung, daß der Witz einen sehr langen Bart habe und er ihn gar nicht erzählen dürfe, weil sofort der Politoffizier Einspruch erheben würde, so etwas kommt auf sowjetischen Schiffen nicht vor: „Einmal nur mit Beifall, also ehrlichem Beifall überschüttet werden, als wäre es Lametta und ich ein Weihnachtsbaum, Mensch, wäre das schön! Ich würde auf einen Teil meiner Gage verzichten!"

Wir trennten uns als Kurt und Heinz, und die Welt war halbwegs in Ordnung.

An dieses Nachtgespräch erinnerte ich mich, als Willy im Musiksalon von den dort Anwesenden wissen wollte, wie die Frau heißt, die durch den amerikanischen Film „Casablanca" weltberühmt geworden ist.

Ich blickte wie Bogart, und als das auch nicht half, teilte ich mein Wissen Hannelore mit, die mit der richtigen Antwort „Ingrid Bergman" herausplatzte und somit sieben Punkte gewann.

Zu diesem Zeitpunkt hätte ich mich entfernen sollen; aber der stets gegenwärtige Teufel stellte mir ein Bein und ich blieb.

„Wie heißt die Hauptstadt von Neuseeland?" fragte Willy weiter und lächelte hintergründig. Wenn ich ihm nur nachgeäfft hätte, wäre mein Image unbeschädigt geblieben, aber Hannelore schaute mich erwartungsvoll an und ich flüsterte ihr zu: „Oakland."

Doch Willy verstand keinen Scherz und bestand auf Wellington und zerstörte in Bruchteilen einer Sekunde nicht nur eine aufkeimende Freundschaft, sondern mein Persönlichkeitsbild. Geknickt schlich ich davon, aber zu spät. Auf dem Gang hörte ich den Teufel kichern.

Insel der Toten

Island lag achteraus. Unser Schiff steuerte nordwärts mit Kurs auf Spitzbergen. Viele der polargetauften Passagiere lagen nun zufrieden auf ihren Betten und hielten ein verdientes Mittagsschläfchen, andere lasen, spielten, unterhielten sich oder faulenzten, ohne sich zu langweilen. Draußen wehte eiskalt der Wind. Obwohl die Sonne schien, hielten sich nur wenige Wetterfeste auf den Außendecks auf und ließen sich durchpusten. Plötzlich japste eine weibliche Stimme nach Luft und gab über das Bordradio bekannt, daß der Kapitän unseretwegen näher an Jan Mayen heransteuern läßt.

„Ist das auch ein Kreuzfahrtschiff?" wollte am Nebentisch eine ältere, sich stets zurückhaltend gebende Frau wissen. Einige Männer lachten überlegen. Bevor ich antworten konnte, hatte am Nachbartisch jemand aufgepaßt und belehrte sie von oben herab: „Das ist kein Schiff, das ist nur eine Insel!"

Nur eine Insel, dachte ich, nicht mehr?

Ein Bild vom holländischen Walfangkapitän Jan May gibt es nicht, hat es wahrscheinlich auch nie gegeben, war er doch einer von Hunderten, die mit zerbrechlich wirkenden Segelschiffen in der Arktis dem Wal nachstellten und den Robben. Entdeckt hat er die Insel nicht, Hudson sah sie früher, der sich auf der Suche nach der Nordwest-Passage, einem kürzeren Seeweg zu den begehrten Gewürzinseln, befand, denn einst war Pfeffer kostbarer als Gold und Silber. So kam es, daß im Verlauf des ersten Jahrzehnts des 17. Jahrhunderts die Insel mehrmals „entdeckt" und mit verschiedenen Namen belegt wurde, von denen die Bezeichnungen Mr. Joris Island, Hudson Tutches, Isle de Richelieu, Trinity Island noch am geläufigsten sind.

Jan Mayen, nur eine Insel, fernab der bewohnten Welt, ein felsiger Eisklotz im Ozean. Das ist er heute, für Jan May aber bedeutete dieses Eiland Zuflucht und Rettung vor dem drohenden Untergang. Ein Jahr nach Hudsons Tod sichtete ein holländischer Kapitän die einsame Insel.

Erstaunt beobachtete Jan May die felsige Küste. Er suchte einen Hafen, eine stille Bucht und umsegelte fast die ganze Insel. Zum Landen konnte er sich nicht entschließen, zu hoch ging die See. So segelte er weiter nordwärts, den Walen nach. Reich beladen mit Fischbein für die Korsetts der holländischen Damen, Speck und Tran machte er sich auf den Heimweg und legte seinen Segler auf einen südlichen Kurs, der ihn aus den arktischen Gewässern herausführen sollte. Der Wind stand günstig, die Stimmung an Bord war zu ertragen. Dann aber setzten harte Stürme ein, die das Schiff zurücktrieben. Über Nacht brach der Winter in die Polarzone ein, und bald darauf lag der Walfänger fest in ausgedehnten Eisfeldern. Besorgt stand Jan May an Deck. Das Schiff mußte unbedingt südwärts gebracht werden, der offenen See zu. Ein Überwintern hätte keiner überlebt. Das Treibeis schlug dem hölzernen Rumpf arge Wunden. Bald leckte er stark und drohte, sich aufzulösen in den Verbänden. Viel Zeit hatten sie nicht zu verlieren. Entschlossen änderte Jan May den Kurs und steuerte die auf der Hinreise gesichtete unbekannte Insel an.

An der Westküste fanden sie schließlich einen Anlandeplatz für ihre Boote. Sofort wurde mit dem Bau einer geräumigen Hütte an Land begonnen. Steine gab es genug, und Holz warfen die Wogen der See an den Strand, denn ihr Schiff ging im Eispreß verloren. Der arktische Winter war lang und hart. Die naßkalte Luft setzte den Männern stark zu, und die wenigen Nahrungsmittel waren schneller verbraucht als erhofft. Einer nach dem anderen wachte morgens nicht mehr auf. Als der Frühling in die Polarregion einzog, das Eis die Insel freigab, war keiner der Seeleute des Walfängers mehr am Leben. Jan May hat die Insel nicht entdeckt, sie rettete ihm auch nicht das Leben, sie wurde sein Grab.

An Jan Mayen führte im Zweiten Weltkrieg die Geleitzugroute vorbei, auf der die Alliierten ihren sowjetischen Partner mit wertvollem Kriegsmaterial und Lebensmitteln versorgten. In Sichtweite der Insel wurden Frachter versenkt und deutsche Unterseeboote, tobte die Schlacht im Nordatlantik. Unser Kapitän hatte tatsächlich den Kurs des Schiffes geändert und war näher an die Insel herangefahren. Selbst durch die Scheiben der Salonfenster wirkte sie bedrohlich wie die graue kalte See.

Polartaufe unbeschädigt überstanden

Und dann standen wir da, in unmittelbarer Nähe des geleerten Swimmingpools auf dem Lido-Deck, und harrten mit klappernden Zähnen der Dinge. Obwohl keiner von uns genau wußte, was uns beim Überqueren des Nordpolarkreises bevorstand, argwöhnte ich Schlimmes, denn die kostenlose Ausgabe von Freibier und Wodka machte mich stutzig. Es gehört sich, daß man beim Trinken von Schnaps und ähnlich starken Getränken das Gesicht verzieht und sich kräftig schüttelt, als würde einem der Schlund verbrennen, selbst dann, wenn man sich sofort die Gläser wieder auffüllen läßt. Einen Schwips zu haben, ist allein das Vorrecht der Damen, die sich dafür ausgeben. Betrunkene kann man nur im Suff ertragen.

Weil diese imaginäre Linie auf sich warten ließ, zu sehen war nichts auf dem vor uns liegenden Wasser, hatte ich Gelegenheit, mich ausführlich mit Hannelore zu unterhalten. Weil es an Deck kühl war und der Wind um die Ecken fegte, schmiegte sie sich an mich, um sich zu wärmen. Wegschieben konnte ich sie nicht, wohin auch, vielleicht dem lüstern blickenden Konditormeister Schreck in die Arme? So nahm ich in Kauf, daß meine an der anderen Seite stehende Frau nichts davon mitbekam. Das erwies sich zwar als Irrtum, aber das war nach dem Vergnügen.

Auch die Tochter eines Blankeneser Kapitäns wußte nicht, daß die Polartaufe älter als die Äquatortaufe ist und in Bergen, das wir auf der Heimreise anlaufen würden, ihren Ursprung hat. Die „Deutsche Brücke" in Bergen nahm in der Mitte des 14. Jahrhunderts ihre organisatorische Form an. Das Kontor übte auch die Gerichtsbarkeit in Zivilsachen über die Kaufleute und Handwerker aus und behauptete seine Unabhängigkeit, solange die Hanse stark genug war, um Königen zu trotzen. Die Kaufleute wohnten geschlossen im Bezirk der „Deutschen Brücke" und zählten bis zu zweitausend Köpfe. Das Gemeinschaftsleben spielte sich nach einer festen Hausordnung ab, die auch notwendig war, denn Frauen gab es im Bezirk nicht, jedenfalls keine Ehefrauen. Wer unbedingt heiraten wollte, mußte Bergen verlassen und zurück nach Lübeck, Hamburg, Rostock oder Bremen. Kein Wunder, daß dem Spiel, dem Trunk ausgiebig gehuldigt wurde. Dirnen aller Altersklassen eilten aus allen norwegischen Regionen nach Bergen, um hier zu „arbeiten". Anfang des 18. Jahrhunderts schrieb der norwegische Historiker Holberg, daß die Stifter der „Bergener Spiele" von Hottentotten oder Tataren abstammen müßten, so grausam schienen sie ihm, und sie waren es auch, aber die Hanseaten wollten in Bergen keine Muttersöhnchen unter sich haben. Bei diesen Spielen gab es manche Verletzte, aber das störte die Beteiligten wenig, sondern erfüllte sie mit Stolz. Dieses „Hänseln" hieß, einen Fremden in die enge Gemeinschaft aufzunehmen. Wer das wollte, mußte seine Aufnahmewürdigkeit beweisen: Er brauchte Mut und Standhaftigkeit. Aus den „Bergener Spielen" wurde später die bekannte Äquatortaufe, bei der ich Seifenschaum fressen mußte und ein Gemisch aus Tran, Teer und Federn.

Das alles ist Geschichte. Auf unserer Kreuzfahrt ins Nordpolarmeer tauchte beim Überqueren des entsprechenden Breitengrades kein Triton auf, aber auch keine Meerjungfrauen, wohl weil das Wasser eisig kalt war. Jeder Teilnehmer an der Taufe, Erscheinen war keine Pflicht, erhielt eine Urkunde, um bei der nächsten nordwärts führenden Kreuzfahrt diese Prozedur nicht noch einmal mitmachen zu müssen. Ich weiß nicht, was schlimmer war, die Standpauke meiner Frau wegen des Flirts mit Hannelore oder der Hofknicks vor Neptun, hinter dessen Maske ich jenen Heinz vermutete, der keinen Humor besaß, aber trotzdem Skat mit uns spielen wollte. Warum sonst hätte er mir mit dem Dreizack so kräftig auf die Schulter geschlagen, daß er zerbrach? Die Rache des kleinen Mannes nahm ich gelassen hin, wenn auch mit schmerzverzerrtem Gesicht, aber ein Täufling kennt keine Tränen.

„Lady Odessa"

Einer der an Höhepunkten reichen Kreuzfahrt war die Wahl der schönsten Frau an Bord, die von den weiblichen Passagieren sofort nach dem Auspacken der Koffer in den Kabinen gestartet wurde. Wo immer sich der Herr des Schiffes in seiner goldbetreßten Uniform blicken ließ, warteten wie zufällig lässig in die Ferne blickende Frauen, Wind und Wetter ignorierend. Nach der ersten Mondscheinnacht bei sich leicht in der Dünung wiegendem Schiff hatte sich der Favoritenkreis etwas gelichtet. Einige der erlebnishungrigen Hausfrauen kümmerten sich nun wieder verstärkt um ihre biertrinkenden Ehemänner, andere verlagerten ihre Interessen auf Bücher, Spiele und die Männer anderer Frauen. Noch aber war das Angebot groß und vielfältig, aus dem der Kapitän schöpfen konnte.

Wir kümmerten uns, tolerant wie wir sind, überhaupt nicht um die möglichen zwischenmenschlichen Beziehungen des Kapitäns zu den weiblichen Passagieren, auch wenn wir beim Nachtisch nicht umhin konnten, unsere Meinungen mit anderen auszutauschen. Als aber die Gattin des mit uns am Tisch sitzenden Landvermessers Rosenbaum aus dem Hessischen wie nebenbei die Bemerkung fallen ließ, das sähe den Seeleuten ja ähnlich, in jedem Hafen eine Braut, schaltete sich meine Doris erregt ein und stellte ein für alle mal klar, daß ich nie auf einem Passagierschiff gefahren sei, nur Frachter, und dort gäbe es kein weibliches Personal und keine Passagiere und schon gar keine Passagierinnen!

Weil es an dem, was sie sagte, nichts zu beanstanden gab und sie mich herausfordernd anschaute, nickte ich zustimmend. Sie hatte ja so recht, leider! Was hatte ich alles versäumt? So ein herrliches Leben an Bord hätte ich gerne genossen, auch wenn es zeitlich begrenzt gewesen wäre. Diese Erkenntnis kam eh' zu spät, und es war gescheiter, sie für mich zu behalten. Statt dessen machte ich die Tischrunde auf die Gefahren aufmerksam, die entstehen könnten, wenn der Kapitän sich zu sehr um das leibliche Wohl der hübschen Passagierinnen kümmert und dabei die Sicherheit des ihm anvertrauten Schiffes vernachlässigt.

Meine Stimme muß sehr eindringlich gewesen sein, denn die ehrbare Gattin des Landvermessers aus dem Hessischen beugte sich erregt vor und fragte entsetzt: „Sind wir gefährdet?"

„Aber ja! Wissen Sie, wo sich Edward J. Smith, Kapitän der ‚Titanic‘, aufhielt, als das angeblich unsinkbare Schiff gegen einen Eisberg rannte und unterging? Ich verrate es Ihnen: Er befand sich nicht auf der Kommandobrücke, wo er hingehört hätte, sondern war gerade dabei, in seiner Kajüte Lady Molly Brown das Korsett zuzubinden. Tragisch auch das, er hat es nicht mehr geschafft, halbbekleidet mußte sie ins Rettungsboot!"

Ich hätte der staunenden Frau Rosenbaum noch ganz andere Geschichten erzählen können, aber die Zeit drängte. Als wir uns für den festlichen Abend umzogen, kamen wir noch kurz auf das Thema zurück, obwohl es uns wirklich nicht interessierte, mit wem der Kapitän am liebsten gefrühstückt hätte. Meine Frau tippte auf die slawische Schönheit mit der heiseren Stimme, die im normalen Bordbetrieb die Mannschaftskantine leitete, abends in der Bar aber sentimentale russische Lieder zur Balalaika sang. Als Bauchtänzerin gefiel sie mir besser, aber ich teilte die Meinung meiner besseren Hälfte nicht, hatte ich doch seine hungrigen Blicke auf das inhaltsschwere Bikinioberteil der jungverwitweten Hannelore Dorgeist aus Flottbek gesehen, die nach eigenen Angaben von dem Überschuß einer ihr hinterlassenen Lebensmittelhandelskette lebte. Sie war eine Sünde wert, und genau das wird sich auch der Kapitän der „Odessa" gedacht haben. Keine Frage, sie würde die Wahl gewinnen und den ersten Tanz in den Armen des Schiffsherren verbringen, Backe an Backe, Brust an Brust. Für mich würde bestenfalls ein mitleidiges Lächeln übrig bleiben, mehr stand einem ausgedienten Kapitän ohne Schiff nicht zu.

Während der Mister-Odessa-Wahl, an der ich mich trotz guter Chancen nicht beteiligt hatte, warteten alle gespannt auf die weiblichen Kandidatinnen, aber sie kamen nicht. Alles, was ich über Mißwahlen wußte, stimmte nicht. Auf der „Odessa" wurde nicht der größte wogende Busen oder die schmalste aller Taillen gekürt, sondern der meiste Charme, oder besser gesagt, das, was der durch keine Widerrede aus dem Gleichgewicht zu bringende Animateur dafür hielt. Nicht die Damen stellten sich aus freier Entscheidung zur Wahl und ließen eine Jury über Eleganz, Freizügigkeit und Sex-Appeal entscheiden, sondern ausgerechnet die sechs Männer, die kurz zuvor noch „Mister Odessa" hätten werden wollen, durften als Entschädigung je eine weibliche Person auf die Bühne bitten. Die im roten tief dekolletierten Abendkleid unübersehbar am Champagnerglas nippende Hannelore blieb tief betroffen sitzen. Es war die genußvolle Rache eines abgewiesenen Freiers. Der irre Seitenblick des zur Hilflosigkeit verdammten Kapitäns zeigte, welcher Orkan der Gefühle in ihm tobte. Ich unterdrückte, so gut es eben ging, meine Schadenfreude, hob mein Wodkaglas und trank ihm beileidnickend zu. Das tut gut!

Es kam, wie es komischer nicht hätte inszeniert werden können: „Lady Odessa" wurde eine kichernde junge Frau. Sie hatte am längsten vermeiden können, die ihr gestellten Fragen mit „ja" oder „nein" zu beantworten. Sicher hätten auch andere Männer mitgebuht, wenn ich gedurft hätte. Ein Tritt an mein Schienbein ließ mich schweigen. Ich bewunderte meinen aktiven Kollegen, wie er sich einmal mehr für seine Reederei aufopferte und der Gewinnerin herzlich gratulierte. Nichts in der Welt hätte mich dazu gebracht, der für meinen Geschmack zu dürr geratenen jungen Frau die blaue Schärpe der Siegerin um die schmalen Schultern zu legen und sie um den ersten Tanz zu bitten, Brust an Brust.

Armer Kapitän!

War es unter diesen tragischen Umständen nicht meine Pflicht als älterer Kollege, mich wenigstens um die bildhübsche Hannelore zu kümmern, die beträchtlich an Nonchalance eingebüßt hatte und nachdenklich mit dem leergewordenen Glas spielte? Jeder hätte das an meiner Stelle getan, nur meine Frau sah es anders, und dabei blieb es. Die von mir am Abend zuvor für möglich gehaltene Schiffskatastrophe schien keineswegs gebannt, denn am Frühstückstisch blieb Hannelores Stuhl frei, und der Kapitän ließ sich auch nicht sehen. Fein lächelnd aufeinander abgestimmt, nickten wir uns verständnisvoll zu und vergaßen für einen Moment die Gefahr, in der unser Dampfer schwebte.

Sie wurde uns erst wieder gegenwärtig, als die Gattin des hessischen Landvermessers leichenblaß mit der Hand hinaus auf die See zeigte. Keine hundert Meter von uns entfernt zog, so schien es uns, ein gewaltiger Eisberg vorbei. Ein Wunder war das nicht, denn wir näherten uns mit rascher Fahrt Spitzbergen, aber ein unbehagliches Gefühl in der Magengegend blieb, bis Hannelore Dorgeist gut gelaunt und strahlend an unserem Tisch vorbeischwebte.

Glücklicher Kapitän!

Das Mitternachtsbüffet

„An Hummer, Kaviar und Austern können selbst Engländer und Amerikaner wenig verderben, doch wer wirkliche Kochkunst erleben will, der sollte auf unseren Schiffen fahren", meinte Jasques Bouger, Chefkoch der französischen „Péreire", 1869 herablassend. Das wurde von einem Passagier des Schiffes bestätigt: „Immer wenn man denkt, daß der Gipfel der kulinarischen Vollendung nunmehr erreicht sei, bietet ein Steward lächelnd einen weiteren Hochgenuß an."

Um die Einsparungen im Bedienungsbereich zu kaschieren, erfanden die Reeder und Hoteliers das Büffet. Im Normalfall will keiner der erste sein, der sich mit großem Löffel am eisgekühlten Kaviar zu schaffen macht, aber wehe, er bleibt daran zu lange stehen. Meine Frau geht davon aus, daß sich schüchterne Menschen an einem Büffet so richtig nach Herzenslust austoben können, und zieht einen Vergleich mit dem Angebot im Supermarkt. In beiden Fällen, argumentiert sie, wird mehr konsumiert als notwendig. Meine über alles geschätzte Großmutter Hedwig ist anderer Ansicht. Sie findet ein Büffet beschwerlich, auch weil sie sich nicht traut, aus einem heilen Truthahn weißes Brustfleisch herauszuoperieren, aber Hedwig hat einen unverbesserlichen Hang zum Althergebrachten: ihr fehlt der Schwung der neuen Zeit. Seit sie vom reichlich und schön dekorierten Tisch einen Fasan mitnahm, um ihn in aller Ruhe am Tisch zu zerlegen, und feststellen mußte, daß es sich dabei um ein nicht eßbares Ersatzstück aus der Dekoration handelte, bleibt sie rigoros sitzen und wartet auf Bedienung.

Das in vielen, selbst guten Hotels obligatorische Frühstücksbüffet hat seinen vernichtenden Siegeszug rund um die Welt beendet, ohne die Kreuzfahrtschiffe zu erreichen. Wahrscheinlich waren die bei der Einführung gerade alle auf hoher See und wurden übersehen. Das Frühstück auf der „Odessa" war reichhaltig und wurde von freundlichen Stewardessen serviert. Frühaufsteher und

Morgenmuffel fanden irgendwo auf dem Schiff Kaffee und Eßbares nach dem Motto: Nichts ist schlimmer als hungrige Passagiere.

Ich kenne nette Menschen, die keine Zeit haben, gemütlich zu frühstücken, weil sie viel Geld verdienen wollen. Wozu eigentlich, frage ich? Darauf eine Antwort zu finden, ist so einfach nicht: Das Frühstücksbüffet ist nicht mehr als ein Versuch.

Ganz anders sieht es um Mitternacht aus. Auf der „Odessa" wurde das Mitternachtsbüffet zum nächtlichen Treffpunkt der Gäste, die sich entweder eine Show oder einen Film im Bordkino angesehen hatten. Es bot eine kulinarische Leckerreise durch die Spezialitäten dieser Welt. Für Leute, die Gewichtsprobleme haben, war das eine Zumutung, aber sie wurden nicht gezwungen, sich zu bedienen, sie taten es freiwillig und gerne und jede Nacht. Die Kritik richtet sich, wenn überhaupt, auf die Bezeichnung, denn das Büffet wurde um 22.30 Uhr eröffnet. Wer aber erst um Mitternacht kam und sich bedienen wollte, stand schon vor verschlossenen Türen. Obwohl an Bord kein Seitensprung geheim blieb, sprach sich das nicht herum, und so blieb auch mir die Erfahrung nicht erspart.

Büffet hin, Mitternachtsbüffet her, mit dem Gala-Büfett im Anschluß an die Lady-Odessa-Wahl ließen sie sich nicht vergleichen. Gemeinsam eröffnete die frisch Gekürte mit dem Kapitän des Schiffes den nächtlichen Schmaus. Die lange Tafel bog sich unter der Last der Dekoration. Bevor die Masse Mensch auf die Gaumenfreuden losgelassen wurde, durften die Amateurfotografen unter den Passagieren die schnell vergängliche Pracht im Bilde festhalten, um sich noch im späten Alter daran erfreuen zu können. Schade eigentlich, daß sich von Essen und Trinken ganze Völkerscharen ernähren, denn nach Freigabe setzte ein Run auf die vor Wut rot angelaufenen Hummer ein, während die drei braungebrannten Spanferkel eher gelangweilt die Eintretenden mit starren Augen begutachteten. Der leicht blasierte Stör dampfte vor sich hin, dunkelbraungeachtelte Enten, mittschiffs getrennte Hähnchen, Gänseklein, ein prachtvoller Siebensortenfleischhahn, geräucherter und frischer Lachs, Forellenfilets und der Räuchertonne frisch entnommene Aale bildeten kunstvoll aufgebaut das eßbare Dekor.

Rein zufällig kam ich neben Hannelore Dorgeist zu stehen, ohne allzusehr drängeln zu müssen, wobei ich einige mißbilligende Männerblicke übersah. Während sie mir etwas zartes Brustfleisch auf den Teller häufte, wobei ich nicht vermeiden konnte, tiefer als schicklich in ihr offenherziges Dekolleté zu blicken, kam mir die Vergänglichkeit alles Lebens in den Sinn und die Anziehungskraft von Mutter Erde, obwohl wir uns auf tiefem Wasser aufhielten.

Als die Stewardessen die letzten Teller von den Tischen abräumten, waren nur noch klägliche Salatreste übrig und etwas Durchscheinbares vom Truthahn, den keiner richtig ernst genommen hatte. Trotz drei Magenbitter und einem längeren Verdauungsspaziergang auf dem Bootsdeck warf ich mich noch stundenlang in der Koje umher und konnte nicht einschlafen. Weil „Lady Odessa" als Schlafstörung ausfiel, kann es nur am Gala-Büffet gelegen haben.

Ausbooten in der Magdalenenbucht

Ein steifer Südwestwind schob unseren Dampfer durch die leergefegte See nordwärts, dem Pol entgegen. Dank des schiebenden Rückenwindes lag das Schiff verhältnismäßig ruhig in der groben See und griff nur ganz sensible Mägen an. Die meisten Passagiere hatten inzwischen Seebeine und gingen entsprechend spazieren. Es ist der Widerspruch, der Seefahrt so interessant macht. Wir sogenannten gestandenen Seeleute lächeln gelegentlich überheblich, wenn einer behauptet, nicht seekrank geworden zu sein, obwohl ein Orkan über das Schiff hergefallen sei, daß es selbst dem Kapitän mulmig geworden wäre. Wir glauben dem Aufschneider keine Silbe und müßten doch wissen, daß es solche Möglichkeiten gibt. Entweder lag das Schiff im Hafen, in einer geschützten Bucht vor Anker oder es hatte Rückenwind. Und so ist solches typisches Seemannsgarn – das ist die Wolle, aus der Seemannsfrauen ihren Männern dicke Pullover stricken – wahr und doch nicht richtig.

Das Leben an Bord verlief im Gleichklang der Mahlzeiten. Einige der Mitreisenden hatten mit ständiger Unruhe zu kämpfen, die sie an einer der Bars besiegen wollten, andere tauten jetzt erst richtig auf und fühlten sich wie daheim auf ihrem Hypothekenkreuzer. Nach dreitägigem Seetörn, so lange wie noch nie auf dieser Reise von einem zum anderen Hafen, erreichten wir bei herrlichem Sonnenschein die unbewohnte Magdalenenbucht auf Spitzbergen. Wir waren in diesem Sommer eines der ersten Kreuzfahrtschiffe, die Spitzbergen anliefen, und hatten das Glück, nur noch Scholleneis anzutreffen. Lotsen gibt es hier nicht, das navigatorische Können des Kapitäns ist gefragt. Ich hatte mich beeilt, auf die Brücke zu kommen, obwohl ich mich in meiner aktiven Zeit nie in dieser gottverlassenen Gegend herumgetrieben hatte, aber unten hielt ich es nicht länger aus. Die Sicherheit des Schiffes ging vor. Das sah schließlich das Ehepaar Kleinschmidt aus Lübeck ein, dem ich ausführlich die Gefährlichkeit von Eisbergen für die Schiffahrt erläutert hatte. Mein Freund Yury begrüßte mich mit einem Lächeln, als wollte er mich beruhigen. Scheinbar sicher dirigierte er das Schiff vorbei an zahlreichen nicht gekennzeichneten Unterwasserfelsen, als ob er sich hier bestens auskenne. Wie er mir später versicherte, war er schon öfter in der Magdalenenbucht gewesen, die anzusteuern keine Schwierigkeiten bereite, vorausgesetzt, sie ist eisfrei. Leider gibt es während der kurzen Sommerzeit auf Spitzbergen öfter Nebel, und der ist nicht weniger gefährlich als schmelzende, treibende Eisberge. Das Kreuzfahrtprogramm sah einen Landausflug nicht vor, nur ein Kreuzen im Magdalenenfjord, Krossfjord, Kongsfjord und einen eventuellen privaten Landgang in Ny Alesund. Doch unser Kapitän nahm die ganz seltene Gelegenheit wahr, ließ das Schiff unweit des Gletschers ankern und alles für eine zünftige Party an Land vorbereiten. Dieses Ausbooten mit der Nordlandbar an Land wurde zu einem unvergeßlichen Erlebnis für alle an Bord, auch für die Crewmitglieder und die Reiseleitung.

Ausgerüstet mit umgebundenen, kräftig verschnürten Schwimmwesten sahen wir aus wie kurzbeinige, orangefarbige Käfer. Voller Erwartung standen wir auf dem Bootsdeck herum und bewunderten, was sich unseren Blicken bot, besonders den Gletscher. Wenn die Geschichte einen anderen Verlauf genommen hätte, befänden wir uns in der Magdalenenbucht auf deutschem Territorium, richtiger auf einem Gelände, das dem Norddeutschen Lloyd in Bremen gehört. Schon vor dem Ersten Weltkrieg begann sich das Deutsche Reich für das herrenlose Spitzbergen zu interessieren, und nach dem Krieg claimte nicht nur der Norddeutsche Lloyd, sondern auch die Hamburger Reederei Hapag und die Deutsche-Arktische-Zeppelin-Expedition ein Stück Land östlich von Cap Guisses. In einem Brief, aufgegeben im August 1922 an Bord der „Victoria Luise", schreibt der „Geheimagent" der Reederei folgende Zeilen: „In Ausführung meines Sonderauftrages konnte ich über deutsche Landerwerbungen auf Spitzbergen folgendes feststellen. Prinz Heinrich von Preußen claimt ein Stück Land um den Louis-Tinary-Gletscher herum, der Norddeutsche Lloyd das Land zwischen dem Gletscher und dem 14. Juli-Gletscher, ferner das um die Hamburger Bucht an der NW-Küste Spitzbergens und das um die Magdalenenbucht liegende Land. Die Grenzen an der Magdalenenbucht habe ich persönlich festgestellt. Entsprechende Urkunden sind hier vergraben."

Diese Urkunden sind, soweit bekannt, nie gefunden worden und liegen höchstwahrscheinlich immer noch im kargen Erdreich von Spitzbergen, das zu Norwegen kam. Obwohl unser Schiff unmittelbar unter dem Gletscher zu liegen schien, hatte das Motorrettungsboot noch eine gute Seemeile zurückzulegen, bis wir ausgebootet das Ende der Bucht erreichten. Je näher wir dem zusammengepreßten Ureis kamen, desto öfter mußten abgekalbte Eisbrocken vorsichtig umfahren werden, um nicht die leicht verletzbare Außenhaut des Fahrzeuges zu beschädigen. Teilweise noch schneebedeckte Berge bildeten die mächtigen Seitenfronten des grünschimmernden Fjordwassers. Gletscherbahnen zogen ihre Geröllspuren bis an die Ufer. Nichts erinnert mehr an die Zeit, als diese felsige Einöde eine große wirtschaftliche Bedeutung erlangte. Fast ein Jahrhundert hindurch verarbeiteten hier zahlreiche Kochereien den Walspeck zu Tran. Mitten zwischen englischen, holländischen und dänischen Niederlassungen hielten die Hamburger gegen starken Widerstand die einzige deutsche Trankocherei, bis der Wal die Buchten verließ und in den offenen Seeraum auswich. Der Walreichtum der spitzbergischen Buchten ließ sich nur in dem kurzen arktischen Sommer ausbeuten, und in manchen Jahren währte die Saison nur ein, zwei Monate. 1633 blieben sieben Männer freiwillig in der Niederlassung, um sie vor Zerstörung zu schützen. Unter den Männern befanden sich Karsten Anders aus Friedrichstadt und Martin Gandel aus Danzig. Neun Monate später wurden sie erlöst. Ein weiterer Versuch im nächsten Jahr endete tragisch. Alle Zurückgebliebenen wurden ein Opfer der arktischen Kälte.

Geschichte überall, die kaum einer kennt. In unserem Boot regierten die starken Schultern. Jeder hatte wenigstens einen Fotoapparat in den Händen, um, wie Touristen nun einmal sind, alles negativ sehen zu wollen. Gleichzeitig erhoben sie sich von den schmalen Bänken und brachten unser Boot in Bedrängnis zu kentern. Rücksichtslos stellten sie sich auf die zweckentfremdeten Liegestuhlpolster und ließen den hinter ihnen Sitzenden keine Chance. Sie benahmen sich, als ob sie zu Hause wären. Viele werden maßlos enttäuscht gewesen sein, als sie die selbstgeschossenen Fotos herumreichten, weil alles viel kleiner, unscheinbarer wirkt als Sturm auf dem Meer. Recht geschah ihnen, war es die Strafe der Geduldigen, die bescheiden auf ihren Duchten hocken blieben, sich krampfhaft festhielten und sich über ihre eben noch hilfsbereiten Mitreisenden wunderten. Da hatte ich es besser, ganz vorne im Boot Platz genommen und verteidigt zu haben, aber irgendwann mußten sich meine seemännischen Fähigkeiten bezahlt machen.

Knirschend schob sich der Bootskiel auf den schmalen Strand. An Land brannte bereits ein Lagerfeuer. Dunkle Rauchwolken zogen vom Winde verweht über die Bucht. Der Boden war feucht. Es wuchsen nur Flechten und Moose, keine Gräser. An der aufgebauten Bar schenkten Stewards Wodka und Glühwein für die Damen ein, damit wir uns nach der anstrengenden Bootsfahrt stärken und erwärmen konnten. Ein vorsorglich von der Schiffsleitung abgestellter Matrose mit einer vorsintflutlichen Büchse sollte für unsere Sicherheit sorgen. „Gibt es hier Bären?" fragte mich meine Frau, als sie den Seemann entdeckte.

„Laß dir keinen aufbinden, alles nur Show. Sieh dir nur die Flinte an, die stammt noch aus der Zeit, als Napoleon in der Berisina baden ging."

Show muß sein, und der Seemann genoß die ihm zuteil werdende Aufmerksamkeit. Ich war wohl einer der wenigen, die kein Foto von ihm machten. Wie notwendig diese Fürsorge war, erwies sich schneller als gedacht. Wir hatten gerade so viel Glühwein gespeichert, daß wir aufzutauen begannen. Kleine Tänzchen wurden gewagt, und eine drei Mann starke Expedition wollte den Lagerplatz verlassen, um einen Hügel zu erklimmen. Sie blieben plötzlich wie angewurzelt stehen, und einer rief, sich hilfesuchend nach uns umblickend: „Ein Eisbär!!"

Wir alle waren für einen Moment geschockt. Schlagartig verstummten die Gespräche. Nur unser Wachposten hatte die Gefahr noch nicht erkannt, in der wir alle schwebten. Keine zwanzig Schritte entfernt schob sich tolpatschig ein ausgewachsener Eisbär über herumliegende, ihm den freien Weg versperrende Felsbrocken. Offensichtlich war er neugierig, vielleicht hatte er auch nur Hunger und Appetit auf einen Passagier. Mein Gott, dachte ich, und unser Posten hält nur eine Attrappe von Gewehr in den Händen! Wo lag das Boot?

Durch einen Zuruf auf die Gefahr aufmerksam gemacht, hob der russische Seemann die Bärenbüchse. Er schien mir ganz ruhig, als ob er das nicht zum ersten Mal gemacht hatte. Die Anwesenheit so vieler Menschen um mich herum, von denen jeder als Bärenfutter geeigneter schien als ich, ließ mich ausharren.

„Um Himmelswillen, nicht schießen", schrie erregt eine junge Frau und schlug dem Matrosen das Gewehr aus den Händen, bevor sich ein Schuß löste, „das ist doch mein Mann!" Sie hatte ihn am Gang erkannt, an der Haltung, wie er so dastand und uns beobachtete. Wahrscheinlich hatte er das schiffseigene Eisbärenfell, das zur Dekoration der „Eisbärbar" gehörte, unbemerkt an sich genommen und übergestreift, um uns zu erschrecken. Das war ihm auch gelungen, beinahe besser, als ihm lieb gewesen wäre, denn der Schießprügel des russischen Matrosen war echt und nicht mit Platzpatronen geladen, wie ich mich überzeugte, denn Eisbären gehen selten alleine aus.

Beinahe wären wir auf den Ulk hereingefallen. So löste sich die Furcht in Lachen auf. Mich wunderte allerdings, daß in unserem Boot kein Eisbärfell mit zurück an Bord genommen wurde, obwohl wir die letzten waren, die heimkehrten vom Ausflug, und noch merkwürdiger war, daß ich ein zusammengerolltes Eisbärfell an Deck liegen sah, als ich unser Schiff betrat.

Tanzstunde im Musiksalon

Drei Wochen intensives Training sollten ausreichen, um einem durchschnittlich begabten Pärchen das Tanzen beizubringen oder es ihm gänzlich zu verleiden. Das Ehepaar Diekers war angeheuert worden, um den Passagieren Walzer, Samba und Tango beizubringen. Sie gingen von der Theorie aus, daß jedermann Musik im Blut hat und sie, wenn er nur will, in Bewegung umsetzen kann. Die tägliche Lehrstunde am Vormittag im Musiksalon fiel nur aus, wenn sich heftiger als normal der Boden des Musiksalons aus der Waagerechten verschob; denn nicht jede Wiegelehrerin hat Seebeine, und ein Schiff im Seegang bewegt Frauen anders als die schlaffen Arme eines nach Pomade riechenden Eintänzers.

„Eins und zwei und Wiegeschritt, seitwärts kick und zurück bei acht, fertig ist der Upercut!" Der Upercut ist der Modetanz auf einem Passagierschiff. Er bezieht seine Tanzschritte überwiegend aus dem Boxsport. Bewundernswert, weil auch im Passagepreis inbegriffen, wie sich rund zehn Pärchen jeden Tag unverdrossen im Musiksalon einfanden, um Versäumtes aus der Pubertät nachzuholen. An Bord, wo kaum einer den anderen kennt und die Gefahr, sich später an Land wiederzusehen – trotz gegenteiliger Versicherung – denkbar gering ist, schadet es dem Image nicht, wenn selbst nach der fünfzehnten Unterrichtsstunde der Po nicht bei jeder Bewegung wie Pudding wackelt. Meine Frau behauptet, tanzen zu können, und ich kann das nicht beurteilen. Ich kann mich noch vage an die Zeit erinnern, als ich auf Anraten meiner Mutter am Volkstanzkursus teilgenommen habe, den ich empört verließ, weil meine Mitschülerin und Partnerin dreist behauptete, ich würde meine Hände mißbrauchen. Das war gelogen, fand ich, konnte es aber nicht beweisen.

„Lerne du wenigstens Walzer und Tango auseinanderzuhalten", empfahl mir mein Weib und begab sich zum „Schieben" mit Willy in die Arcadia-Bar. Schieben hat nichts mit Tanzen zu tun, was es ist, habe ich allerdings nie herausgefunden. Es muß aber etwas Unanständiges gewesen sein, weil keiner darüber gesprochen hat!

Flotte Musik setzte ein, also mitgemacht und eingereiht, wobei ich mich zunächst im Häuflein versteckte, um meine vier Füße zu sortieren. Mitleidlose Blicke trafen mich von links. Es kann keine Dame gewesen sein, so wie sie guckte, und der Tritt von achtern gegen mein ungeschütztes Schienbein war auch nicht von schlechten Eltern.

Was mir in dieser Situation fehlte, war ein würdiger Abgang. Ich schrie auf, hob das linke Bein und preßte mit schmerzverzerrtem Gesicht heraus: „Tanzen soll ja so gesund sein!" Humpelnd bewegte ich mich zum nächsten gutgepolsterten Sessel und ließ mich nieder, ein Häufchen Elend. Der Sambawalzer brach mitten im Ton auseinander. Mit vorgebeugten Oberkörpern näherten sich meine gelernten Samariter und verhinderten Krankenschwestern, umringten mich und wollten alle gleichzeitig helfen, mit guten Ratschlägen:

„Zerrung, umgeknickt, ganz plötzlich, ja, Umschläge machen, heiße und kalte, einreiben mit Salbe auf jeden Fall, massieren lassen, schonen vor allen Dingen, ja, ja, das wird schon gehen müssen, machen Sie nur weiter mit dem Unterricht. Tanzen ist ja so schön . . . Schade, daß ich nicht mehr mitmachen kann, wirklich, ich hatte mich so darauf gefreut . . ."

Nach diesen Beteuerungen schienen alle erleichtert und machten weiter, als wäre überhaupt nichts passiert. Sie ließen mich mit meinem gebrochenen Bein einfach im Sessel sitzen, und keiner von ihnen kam überhaupt auf den Gedanken, den Schiffsarzt herbeizurufen zwecks Diagnose. Nach angemessener Verweildauer, in der ich auf meine Tanzschulzeit in der Jugend zurückblickte, die ähnlich verlaufen war, konnte ich fast unbemerkt den Raum verlassen. Als Beinverletzter beteiligte ich mich nicht am Dart-Turnier und verzichtete so auf einen der Pokale. Am Schießen von Tontauben nahm ich grundsätzlich nicht teil, weil ich für eine Entmilitarisierung des Nordmeers eintrat und eine Protestnote beim Kapitän hinterlegte.

Als mich unser Fred Astair am nächsten Tag auf dem Sportdeck beim gemischten Volleyball entdeckte, konnte er sich nicht verkneifen zu bemerken, daß Seeluft wahre Wunder bewirkt. Ein richtiger Gentleman hätte mich übersehen... Treuherzig nickte ich ihm, seine Anspielung überhörend, zu und verwies auf die hervorragende Ausbildung der Masseurin.

Meine Frau geht davon aus, daß ich ein hoffnungsloser Fall bin, obwohl ich leidenschaftlich gerne tanze, mit Fröhlichkeit im Herzen und leichten Füßen. Schwierigkeiten habe ich nur, wenn meine Partnerin eigene Wege zu gehen versucht und den Marine-Einheitsschritt aus dem deutschen Kulturgut verbannen möchte.

Schach mit Botwinnik

Während sich Doris anschickte, buntes Kreppapier und andere Materialien für das bevorstehende Kostümfest abzuholen, begab ich mich, nachdem ich an der Schalanda-Bar genüßlich eine Tasse heiße Bouillon zu mir genommen hatte, zu Michael Botwinnik. Aus Platzgründen und weil es auch sonst nichts bringt, verzichte ich darauf, ihn näher vorzustellen. Für diese Geschichte genügt, daß Michael Botwinnik ukrainischer Schachgroßmeister war, so behauptete er jedenfalls. Möglich ist alles, bekanntlich wachsen die Russen mit dem königlichen Spiel auf wie anderswo Kinder mit Magermilch. Was lag für die kreative, ständig um uns besorgte Kreuzfahrtleitung näher, als lautstark – auf Papier hört sich das stumm an – einen Schachvergleichskampf zu organisieren zwischen Mitgliedern der „Odessa"-Crew und schachspielenden Passagieren. Eine ausgefallene, aber doch völkerverbindende Idee, die selbstredend von mir unterstützt wurde. Allein schon das Vergnügen, gegen einen der Botwinniks spielen zu dürfen, reichte mir als Motivation. Es kam dabei doch nicht auf's Gewinnen an, und schließlich haben wir Deutschen das Verlieren gelernt, das vergißt sich so leicht nicht.

Ob statistisch erfaßt worden ist, wieviele Schachgroßmeister in der Klapsmühle gelandet sind, weiß ich bis heute nicht, und es hat mich auch damals nicht interessiert. Unter uns, wer zum Beispiel an zehn, zwanzig Brettern gleichzeitig simultan Schach spielen kann und die meisten Partien auch noch gewinnt, gehört auf die Lederpritsche eines Psychiaters.

Die letzten Stunden vor Beginn der Auseinandersetzung, von einer Fortsetzung des Zweiten Weltkrieges mit anderen Mitteln will ich nicht sprechen, verbrachte ich meditierend im Liegestuhl und beschäftigte mich mit Eröffnungsvarianten. Meiner neben mir lesenden Frau war das egal, mir nicht. Falls mir die weißen Steine zufallen sollten, würde ich mit der effektheischenden doppelsinnigen Londoner Eröffnung das Spiel beginnen. Sie dürfte in Rußland noch unbekannt sein, weil sie bisher auf keinem internationalen Turnier gezeigt worden ist.

Leider kam alles ganz anders. Nicht ich, sondern Botwinnik gewann die „Seitenwahl" und begann typisch kaukasisch, indem er den Bauern von d2 entschlossen nach d4 vorzog und mir damit zu verstehen gab, daß er ein aggressives Spiel bevorzugte. Ich nahm den Fehdehandschuh nur zu willig auf und ging das angeschlagene Tempo mühelos mit. Das war mein Spiel! Ich klaute ihm mitleidlos einen seiner Mittelproleten aus dem sozialistischen Arbeiterstaat, was ihn allerdings nicht beeindruckte. Vielleicht stimmte das mit der ukrainischen Schachmeisterschaft doch nicht, und mein Großmeister hatte lediglich ein Kindergartenturnier gewonnen.

Es kam zum Damentausch, weil ich mich aus einer ungeschickten Situation nur durch diese bislang gesellschaftlich gesehen für pervers gehaltene Maßnahme befreien konnte. Es war nur eine Frage von wenigen Zügen bis zum Schachmatt. Genüßlich kostete ich die schönste aller Freuden, die Vorfreude, aus, dann war es soweit: Ein Zug noch. Trotzdem tat ich so, als müßte ich überlegen. In Wahrheit war ich mit meinen Gedanken schon beim Bierchen und hatte die Partie abgehakt. Der junge Mann mir gegenüber hatte sein schmales, durchgeistigtes Gesicht müde in beide Hände vergraben und stierte ausdruckslos, ergeben fast, auf das Brett. Er tat mir in diesem Moment sogar ein bißchen leid. Mein Turm mußte von b3 auf b2, mehr hatte ich nicht zu tun. Ich griff auch nach dem Turm und schob trotzdem meinen König von a4 auf a2. Nun hing mein Turm ungedeckt in der Luft, und kaltschnäuzig, wie Russen nun einmal sind, klaute mir Klein-Botwinnik die Figur, einfach so!

Anständig zu verlieren ist schwerer als unanständig zu gewinnen, und so stieß ich angewidert meinen Zaren um. Warum ich den König und nicht den Turm gezogen habe, weiß ich wirklich nicht. Ich gehe aber davon aus, daß Botwinnik als Politoffizier der „Odessa" auch unlegale Mittel eingesetzt und mich hypnotisiert hat. Bleibt nachzutragen, daß wir Passagiere unter diesen Umständen auch keine Chance hatten zu gewinnen. Mit Michael traf ich mich noch öfter bei Krimsekt und Kaviar. Wir haben über vieles gesprochen, den letzten Krieg, die schlechten Zeiten und die Zukunft der Welt, nur Schach gespielt haben wir nicht mehr.

Im gesunden Körper...

„Frisch, fromm, fröhlich, frei", formulierte einst arglos Turnväterchen Jahn und dachte an einen gesunden Geist in einem gesunden Körper. Wer sich betätigen will, ohne zu arbeiten, kann das auf jeder Kreuzfahrt tun. Es gibt ungeahnte Möglichkeiten, der Umwelt zu beweisen, wie jung man noch ist und fit dazu oder umgekehrt. Ich bewunderte auf der nordwärts kreuzenden „Odessa" früh zu Bett gehende Jogger. Diese Gesundheitsapostel drehten bereits kurz nach Sonnenaufbruch auf dem Bootsdeck ihre Runden zum Leidwesen der Passagiere, die unter dem Deck noch in ihren oder anderen Kojen lagen, müde von der durchtanzten Nacht. Und Jogger, das ist das eigentliche Problem, haben Ausdauer!

Punkt sieben Uhr begann unsere Sabine von der Kreuzfahrttruppe den Frühsportkreis zu beschäftigen mit „linkes Bein hoch, höher, noch höher, jetzt langsam strecken, Rumpf beugen, Kopf zwischen die Beine, ganz tief ausatmen und so stehen bleiben, bis ich wiederkomme..."

Regelmäßige Teilnehmer versicherten, daß Sabines Aerobic-Anzug das Aufregendste am Frühsport sei. Ansonsten kann ich nichts über die Qualität oder die Teilnehmerzahl sagen. Sie soll an den ersten Tagen größer gewesen sein als zum Schluß der Reise. An Sabine kann es nicht gelegen haben, sie studierte, wenn sie nicht mitkreuzte, Zahnmedizin in Düsseldorf. Wenn der Frühsport abends stattgefunden hätte, wäre ich möglicherweise dabeigewesen, aber um die Zeit hatte Sabine anderes im Sinn, denn sie tanzte wohl lieber, als daß sie mit den alten Herren und älteren Frauen in aller Herrgottsfrühe gymnastische Übungen einstudierte. Mir kam das vor, als ob einige noch nicht völlig ausgeschlafen hatten.

Meine Frau meinte, ein bißchen Bewegung mehr würde mir guttun und verhindern helfen, daß weitere Pfunde an meiner verrutschten Hüfte wuchern. Wie so oft hat sie recht, aber ich kann essen, was ich will, dünner werde ich nicht! Die sitzende Tätigkeit hinter der Schreibmaschine, so interessant sie auch ist, macht nur Durst, und das bißchen Fingergymnastik bringt den Cholesterinspiegel auch nicht ins Lot. Probleme über Probleme, aber warum sollte ich die alle zusammen jetzt auf dieser herrlichen Vergnügungsreise lösen und mir die Tage verderben. Vor Kraft nicht laufen zu können und vor Gesundheit zu strotzen mag ja ganz schön sein, aber als Lebensinhalt erscheint mir das doch zu kümmerlich. Tief unten im Schiff versteckt befand sich der amtlich ausgewiesene Kraft- und Sportraum mit Hanteln und einer vorsintflutlichen Muskelfördermaschine, die mir Schrecken einflößte. Zum Glück entdeckte ich die Folterkammer erst am vorletzten Tag der Reise, und da war es einfach zu spät, sie noch entsprechend ihrer Bestimmung zu benutzen. Der Tag wird kommen, dachte ich, an dem ein Besatzungsmitglied versehentlich die Tür abschließen und den Schlüssel ins Meer werfen wird. Warum aber sollte ich das dem Zufall überlassen?

Auf dem Weg nach oben, ans Meer, traf ich im Fahrstuhl den 1. Offizier. Er machte seine dritte Reise auf der „Odessa" und stammte darüber hinaus aus der ukrainischen Seestadt, die ich von meinen eigenen Reisen her kannte. Wir begrüßten uns als alte Freunde. Er hatte wohl nichts Besseres zu tun, als mich zu Kaviar und trockenem Krimsekt einzuladen, einen alten Fahrensmann. Als sich die Stimmung hob, Kaviar macht die Zunge locker, erkundigte ich mich bei ihm, ob es an Bord dieses herrlichen Schiffes einen Fitneßraum gebe. Meine Frage schien ihn zu irritieren, er erkundigte sich beim Steward, was ich leider nicht verstand, der schüttelte den Kopf, und so wurde mir offiziell mitgeteilt, daß es leider keinen Fitneßraum auf der „Odessa" gibt. Nichts anderes hatte ich erwartet, und weil wir unweit des Wassers feierten, brauchte ich auch nur ein paar Schritte bis zur Reling, um von dort aus den eingesteckten Schlüssel ins Eismeer zu versenken. Er liegt nun zwischen einem britischen Frachter, beladen mit Panzern für die Sowjetunion, und einem deutschen U-Boot.

Schade eigentlich, daß es keinen Fitneßraum gibt, bedauerte ich, hätte ich doch zu gerne meinen Body gebildet. Wir trennten uns, als die Stewardessen die Kaffeetische deckten. Er wollte sich ein Stündchen hinlegen, bevor seine Wache begann. Vor der Kabinentür stieß ich auf Doris, die sich feingemacht hatte für den Nachmittagskaffee. Sie hatte mich vermißt und freute sich, mich wiederzusehen, und verstand zunächst nicht, warum ich nicht mit ihr Kaffee trinken komme oder einen guten russischen Tee.

„Weil mich das um Stunden zurückwerfen würde, mein Schatz. Ich war im Kraftraum, um etwas für meinen Körper zu tun, fit sein für den Abend. Ich glaub', ich muß mich ein bißchen entspannen. Geh du ruhig Bingo mit Willy spielen, aber verliere nicht wieder!"

Der gute russische Kaviar hat es in sich, denn kaum lag ich entspannt auf dem Bett, als ich auch schon schlief, ich glaube, meine Augenlider konnten gar nicht so schnell folgen.

Auf jeder Seereise finden sich Passagiere mit in Gold gestickten Leistungsabzeichen auf verschlissenen Trainingsanzügen. Sie werden – wie Orden meistens – wie Verwundetenabzeichen stumm, aber überaus würdevoll vorgezeigt und notfalls erklärt. Stets sind die so Ausgezeichneten in Bestform, überall vorzeigbar und präsent, wenn es gilt, ein Volleyballteam zu bilden, und sie dreschen erbarmungslos den kleinen weißen Ball auf die harte Tischtennisplatte und freuen sich diebisch über jeden mißlungenen Schlag ihres Gegenübers. Weiter als 21 können sie nicht zählen. Wären sie wenigstens fair, würden sie, statt scheinheilig um Verzeihung zu bitten, den Ball aus dem Wassergraben holen. Federnd stolzieren sie über die Decks und gehen verbissen in jedes noch so harmlose Spielchen.

Treffen lupenreine Amateure aufeinander, geht es unweigerlich um Pokale und Urkunden für das daheimgebliebene Triumphzimmer. Selbstverständlich wurden auch auf der „Odessa" wie auf allen Kreuzfahrtdampfern Siegerinnen und Sieger gekürt, alles wie bei Olympia und genauso bierernst, aber die Passagiere lieben solche Wettbewerbe und halten diese Pokale in Ehren. Meine habe ich testamentarisch meinem ältesten Enkel vermacht, der sportlich in meine Fußstapfen tritt. Bis dahin aber bleiben sie im Banktresor. Irgend etwas muß schließlich dort aufbewahrt werden.

Als ich beim schwierigen Shuffle-Board als Bester abschnitt aus unserer Familie, wurde unsere Nationalhymne aus fadenscheinigen Gründen nicht gespielt, wohl aber „Brüder zur Sonne zur Freiheit..."

King of Time

Eine Kreuzfahrt ohne Ausflugsprogramm wäre wie ein Kino ohne Filmvorführung, ein Kapitän ohne Schiff, ein Krimi ohne Leiche, einfach undenkbar. Eine Exkursion aber kann sich nur nach dem richten, was die Natur und der Menschengeist zufällig oder absichtlich geschaffen haben. Kreuzfahrer treiben sich am liebsten nachts auf See herum, um tagsüber im Hafen das rustikale Landleben zu genießen. Die Vorteile leuchten ein: Es ist, als ob man sein Hotel mitnimmt, samt Kleiderschrank und Bett, aber auch den Service. Täglich eine neue Bedienung um sich zu haben, schmälert die Lebensfreude. „Home from home" nennen die Briten jenes Gefühl, das einen Seereisenden nach geraumer Zeit an Bord eines Kreuzfahrtschiffes überkommt. Es ist ein angenehmes Gefühl, rund um die Uhr versorgt und betreut zu werden, als wäre es das Selbstverständlichste der Welt.

Es gibt wohl in jedem Ausflugsprogramm Höhepunkte, die wahrzunehmen sich lohnen, aber auch solche, die flüssiger sind als Wasser: überflüssig! Ausflüge müssen gebucht und bezahlt werden, sie sind in der normalen Passage nicht enthalten. Vorträge an Bord sollen den Einstieg erleichtern. Mitunter reicht diese Schmalkost aus, um auf den Ausflug zu verzichten und den Hafen, die Stadt auf eigene Faust zu entdecken. Das schafft ganz neue Sehensweisen, auch dann, wenn die geplante Exkursion nicht im Stadtmuseum endet, sondern in der Konditorei. Es gibt Kreuzfahrer, die handeln nach dem weisen Seemannsspruch: „Was soll ich an Land geh'n, ich kann das Land von Bord aus seh'n!" So schlecht kann das Leben auf einem Kreuzfahrtschiff gar nicht sein, wie mancher teuer bezahlte Landausflug mit stundenlanger Busfahrt durch eine sich ständig wiederholende Gegend. Wie unerschöpflich und wechselvoll sind da die See, der Himmel und die Sterne. Ich habe den Kapitän des Schiffes in keinem Hafen, den wir auf dieser Fahrt anliefen, die Gangway passieren sehen. Das spricht für sich und für die Weisheit alter Seeleute.

In den wenigen Monaten im Jahr, in denen die Wunderwelt der Fjorde lockt, tummeln sich Dutzende von Kreuzfahrtschiffen aller Preiskategorien in den norwegischen Gewässern und spucken ihre Gäste an Land. Folglich gibt es Warteschlangen vor den Kirchen und Museen, denn die sehenswerten Ziele sind allen Reiseveranstaltern bekannt, neue lassen sich so rasch von keiner Fremdenverkehrsorganisation schaffen, obwohl Besucher Kaufkraft ins Land bringen. So mancher Gemeinderat hätte lieber eine verrottete Burg auf seinem Territorium als eine Kläranlage.

Unser Schiff hatte in Honningsvag festgemacht, nach dem Ausbooten in der Magdalenenbucht bestand nun wieder die Gelegenheit, richtiges Festland unter die Füße zu nehmen. Der kleine Hafen liegt nur einen Steinwurf vom Nordkap entfernt. Nach dem Abendessen stiegen fast alle Passagiere in geordnete Autobusse, um die Mitternachtssonne am Nordkap zu bewundern, dieselbe Sonne, die seit zehn Tagen für uns an Bord nicht unterging! Was trieb meine Mitreisenden nur vom Schiff? Ich habe nicht den Versuch unternommen, auch nur einen von ihnen zurückzuhalten. Im Gegenteil: Genaugenommen war ich froh, sie loszuwerden und das herrliche Schiff für einige Stunden ganz für mich alleine zu haben. Ich kam mir vor wie einst Tankerkönig Onassis auf seiner Yacht „Christina". Im Kino lief ein spannender Abenteuerfilm. Ich nahm in der Mitte des Saales Platz und streckte mich gemütlich aus. Zwischendurch schlurfte ich an die geöffnete Bar und trank einen eisgekühlten Wodka. Auf einem der Hocker saß unsere Callas. Sie sah so traurig aus wie ein Regentag im Herbst. Nach dem dritten Glas tranken wir Bruderschaft, und sie sang für mich allein die Arie der Rosine aus Hoffmanns Erzählungen, so schön, wie ich sie nie vorher gehört habe. Danach hatte ich alle Hände voll zu tun, um ihr Gesicht trockenzulegen.

Und endlich fand ich Gelegenheit, mich in dem Sessel im Salon zu rekeln, in dem ansonsten rund um die Clock eine unechte Blondine endlos Maschen mit einer bewundernswerten Fingerfertigkeit produzierte. Sie war sehr zurückhaltend. Nie habe ich sie im Liegestuhl an Deck gesehen oder in längeres Gespräch vertieft. Es gab entschieden bessere Sitzgelegenheiten an Bord, und ich nahm mir vor, sie nicht mehr um den Platz zu beneiden.

Die reizenden Stewardessen schienen ein Abkommen getroffen zu haben, mich an diesem Abend zu verwöhnen, vielleicht war es die Freude, ihre Zeitarbeitgeber unterwegs zu wissen. Und ich genoß die Stunden, denn der Ausflug dauerte logischerweise über Mitternacht hinaus. Was keiner beachtet hatte außer mir: das ganze kunstvoll arrangierte Büffet war ausschließlich für mich bestimmt: Kaviar und gegrillte Froschschenkel, gebratene Ente und gesottenes Hühnchen, Salm und Stör, Plinis und Pfannkuchen, Windjammersuppe und Kuchen.

Was für ein Jammer, daß ich irgendwann notgedrungen aufhören mußte zu speisen. Ich tat mir aufrichtig leid. Als die Ausflügler „heimkehrten", waren die Reste des Mitternachtsbüffets längst abgeräumt. Wer nicht kommt zur rechten Zeit und so weiter und so fort... Die Landgänger waren durchfroren, und die Nasen liefen. Zur Geisterstunde hatte zwar die Sonne wie abgemacht geschienen, aber nur für den Bruchteil einer Minute. Und für diesen Spaß hatte mein Weib 40 Mark bezahlt. Die meisten Nordkapbesucher mußten sich mit bunten Ansichtskarten zufriedengeben, aber die gleichen hatte ich im Shop in Honningsvag gekauft und schon nach Hamburg zu meinen Freunden geschickt, mit herzlichen Grüßen aus dem Land der Mitternachtssonne am Nordkap. „Irre schön hier oben mitten in der Nacht am hellichten Tage", hatte ich geschrieben. Den Karten kann man die Lüge nicht ansehen. Ob ich selbst da war oder nicht, spielt doch keine Rolle im Leben, Hauptsache, die Karten erfüllen ihren Zweck und erzeugen Mißgunst. Mehr will man ja nicht.

Meine Frau zitterte vor Kälte. Sie schien etwas eingelaufen, als sie ins Bett stieg und fragte klappernd, warum ich sie vor dem Ausflug ans Ende der Welt nicht gewarnt habe. Ich war viel zu happy, um mich auf einen Streit einzulassen. Sie hätte mir eh' nicht geglaubt, aber das wollte sie

nicht gelten lassen. Es gelang mir mit Hilfe einer organi-
sierten, zurückgelegten Flugentenbrust und einem gehäuf-
ten Eßlöffel Kaviar, den außerhäuslichen Frieden wieder
herzustellen, aber vielleicht waren es auch meine Hände,
die ihre eiskalten Füße warmgerieben haben. Von meiner
Callas und ihrer ausschließlich für mich gesungenen Arie
habe ich Doris nie erzählt; aber irgend etwas muß der
Mensch für sich alleine haben, so wie sie die Bustour ans
finstere Nordkap.

Alkoholtest auf See

Von Konrad Adenauers Besuch in Moskau beim Nichtgenossen Joseph Stalin wissen wir, daß absolute Trinkfestigkeit zu den besseren Charaktereigenschaften eines richtigen Staatsmannes gehört, in Rußland jedenfalls, bei meiner Frau nicht, aber sie spielt erst am Schluß dieser Episode eine Rolle. Wäre damals in Moskau Adenauer nach dem dritten Glas Wodka aus den Nachkriegspantinen gekippt, säßen wahrscheinlich die deutschen Kriegsgefangenen immer noch hinter dem Ural. Es gibt bislang noch keine wissenschaftliche, historisch abgesicherte Untersuchung, wie der Alkoholkonsum eines Politikers die Weltgeschichte verändert hat. Das liegt auch mit daran, daß Staatsmänner in ihren Autobiographien solche benebelten Augenblicke unerwähnt lassen, vielleicht, weil sie sich infolge zu starken Genusses nicht mehr erinnern können. Andererseits gab es in der jüngeren deutschen Geschichte – mit Adolf Hitler – einen Antialkoholiker, der mehr Leid über die Menschheit gebracht hat, als sieben besoffene Seeleute des Schoners „Aldebaran", der im Watt strandete und nach dem Rausch der Besatzung wieder aufschwamm und weitersegelte, als wäre überhaupt nichts geschehen.

Die gastronomische Leitung des Schiffes hatte zur Wodkaprobe eingeladen, ein fester Bestandteil auf russischen Kreuzfahrtschiffen, um den Export dieses Getränkes zu fördern und die Völkerfreundschaft. Schnaps ist Schnaps, ein Trinkspruch meiner Großmutter Hedwig, sie hat dabei nicht an Wodka gedacht, weil es zwischen Wodka und Wodka große herausschmeckbare Unterschiede gibt. Teilnahmeberechtigt waren alle Gäste, trinken oder verkosten konnte aber nur, wer vorher sechs Mark hinterlegt hatte. Unter normalen Umständen kostet jeder anständige Rausch mehr, von unanständigen ganz zu schweigen.

Der erste angesetzte Alkoholtest auf See fiel aus, weil unser Schiff im Halbsturm heftiger als vorgesehen schwankte und der Zahlmeister meinte, die Teilnehmer könnten dadurch die alkoholische Wirkung des russischen

Volksgetränkes überbewerten und falsche Schlüsse ziehen. So recht traute ich dem schnauzbärtigen Zahlmeister nicht über den Weg, nachdem er in geselliger Runde ernsthaft behauptet hatte, daß auf der „Odessa" nicht gestohlen wird, weder dem Herrgott die Zeit, den Passagieren das Geld, noch den Jungfrauen die Unschuld.

Als erneut zum „Suff" aufgerufen wurde, befanden wir uns im kabbeligen Wasser einer der unzähligen norwegischen Fjorde. Die ungeheuren Felsen schienen so wild übereinandergetürmt, daß man gleich merkte: gewaltige Trolle hatten Fangball mit ihnen gespielt und alles in heroischer Unordnung zurückgelassen, vielleicht waren sie auch nur beschwipst gewesen. Die Beteiligung war kleiner als angenommen, immerhin wollten mehr Frauen als Männer ihre Standfestigkeit unter Beweis stellen oder ihre Geschmacksnerven überprüfen.

Als trinkfester Erbgermane, neugierig und bildungshungrig, glaubte ich, beide Eigenschaften bei einer Wodkaprobe vereinen zu können, zahlte den Obulus und nahm an einem der Tische Platz, neben einem Juwelier aus Offenbach, mit massiver Goldkette am rechten Arm, behäbig den Schmuck der in Sichtweite sitzenden Damen taxierend, wobei er angewidert die Mundwinkel verzog. Echt oder Talmi, mir war das egal, wenn nur der Inhalt stimmte. Die Gespräche kamen vorerst nicht recht in Gang; das Quasselwasser fehlte. Meine Neugierde wurde falsch interpretiert und als Ungeduld gebrandmarkt, was ich so nicht hinnehmen konnte. Schließlich war ich kein Säufer und auch kein Gelegenheitstrinker, entsprechend war mein Protest: „Ungeduld, so ein Quatsch! Ich will ein Buch über die Geschichte des russischen Wodkas und die Auswirkungen auf das Liebesleben der Westeuropäer schreiben. Eine Lücke in der Literatur, die geschlossen werden muß!"

Unter der Wucht meiner Argumente verstummte mein Gegenüber. Ich sah förmlich, wie er darüber nachdachte, hatte aber keine Lust, mich weiter mit ihm zu beschäftigen, denn inzwischen brachte der schlaksige Steward mit den blauwässrigen Augen das dritte Glas, und wie durch einen dicken Nordmeernebel hörte ich die vertraute, einlullende Stimme der Veranstaltungsleiterin, die in eigenmächtiger deutscher Mundart über die Geschichte und die Herkunft der verschiedenen russischen Feuerwassersorten referierte. Nach dem weißen Kristall-Wodka, der überwiegend in Lettland gebraut wird, schenkte der Steward den in Mittelrußland hergestellten Ur-Wodka aus, ein dunkelbraunes Gesöff, sehr süffig, das die Farbe aus alten Eichenfässern bezieht, in denen es längere Zeit lagert. Warum die Kosaken dem Alkohol Pfeffer beimischen, statt ihn wie üblich mit Wasser zu verdünnen, bekam ich nicht mehr mit. Mein Hals brannte wie Feuer, entsprechend war mein Temperament. Die Idee, ein wissenschaftliches Traktat über die Produktion und den Vertrieb von Wodka zu schreiben, gab ich nach der Probierstunde auf, das war noch, bevor der spöttisch grinsende Steward mit Zitronensaft gepanschten Wodka auf schwankendem Tablett hereinjonglierte. Wenn schon Wodka, dann doch bitte pur! Scherzhaft schlug ich dem neben mir sitzenden Juwelier vor, unsere Zeitmesser zu tauschen, meine imitierte Rolex gegen seine echte Werweißnichtwas.

Er war nicht abgeneigt, aber ich hatte das Gefühl, als ob er ausgenüchtert den Tausch bereuen würde; aber war ich dafür verantwortlich, daß er keinen Wodka vertragen konnte, wohl aber jede Menge amerikanischen Whisky, wie er mit schlapper Zunge betonte, ein Bild des Jammers und eine Schande für jeden echten deutschen Mann. Als ich zufällig hoch und durch das Fenster blickte, sah ich mein Weib auf dem Bootsdeck. Es muß am billigen russischen Fensterglas gelegen haben, daß sie in zweifacher Ausfertigung dastand und mir mit den Fingern drohte. Aber vielleicht spielten mir die norwegischen Trolle nur einen ihrer Streiche. Wenn das der Fall war, hatten sie überzogen; denn mir ging es überhaupt nicht gut, als ich mich wortlos von der angeheiterten Gesellschaft verabschiedete.

Ich fand, wenn auch nicht auf Anhieb, unsere Kabine, umarmte zunächst die Stewardeß, dann meine Frau, die mich auf dem Weg zur Koje begleitete, ohne schlappzumachen.

„Irgend etwas muß mit der Forelle gewesen sein . . ." hörte ich mich noch sagen, daß sie blau gewesen sein mußte, behielt ich für mich.

Der kernige Juwelier aus Offenbach, der nichts vertragen konnte, staunte nicht schlecht, als ihn meine Frau am nächsten Vormittag abpaßte und den Uhrentausch rückgängig machte. Er willigte erst ein, als meine Holde ihm beichtete, daß es sich bei meiner Uhr um ein Hochzeitsgeschenk handelt, und weil sie zwei Tränen in die Augen zauberte, gab er nach. Meine Frau bestärkte ihn im Glauben, ein wahrer Gentleman zu sein. Das tat ihm gut, und weil Doris den Fall nie aufklärte, suchte er öfter ihre Gesellschaft.

Mir erzählte sie vom Rücktausch der Uhren erst gegen Mittag, bei der ersten sich bietenden Gelegenheit. Ich behauptete, mich an ein derartig windiges Geschäft nicht erinnern zu können, und weil mir das Gegenteil nicht zu beweisen war, blieb ich dabei. Hätte sie überhaupt nichts gesagt, hätte ich nicht einmal ein schlechtes Gewissen gehabt.

Preisschub in Hammerfest

Dieser Sonntag war bis auf das gute Essen sein Wort nicht wert, und für das zeichneten die Köche verantwortlich und der Proviantoffizier. Tief versteckte sich die Sonne hinter dunklen Wolkenballen. Der kalte Westwind warf eine bucklige See auf, mit sich überschlagenden Schaumkronen und weißen langgezogenen Gischtschleiern. Erneut wanderten, von unsichtbaren Händen gesteckt, braune Papiertüten hinter die Handläufe in den Betriebsgängen, aber sie wurden kaum genutzt, hatte sich doch inzwischen der überwiegende Teil der „Sehleute" an die wiegenden Bewegungen des Schiffes gewöhnt. Zu denen, die sich nicht anpassen wollten, gehörte Horst Damusch, Journalist der bekannten Boulevardzeitung, die täglich mit großen Schlagzeilen kleine Meldungen aufpumpt. Bei gutem Wetter speiste er mit seiner jüngeren Begleiterin am Nebentisch, an diesem Mittag aber fehlte er wieder. Sie nicht, aber offensichtlich hatte sie keine berufsbedingten beschädigten Magenschleimhäute und konnte sich ausschließlich dem Fünf-Gänge-Menü widmen.

Draußen heulte der Sturm lange jammernd um die Aufbauten, und nur Wetterfeste im gelben Friesennerz drehten nach dem Essen auf dem Bootsdeck ihre Verdauungsrunden. Ich verkniff mir solch' heldische Tat. Es genügte vollauf, wenn sich meine Frau mit eingezogenem Kopf und gebeugtem Rücken gegen den Wind stemmte. Das brachte eh' nichts außer Schnupfen ein.

Spitzbergen lag weit zurück hinter dem Horizont, und pünktlich wie die Bundesbahn in ihren besten Zeiten erreichten wir Hammerfest, die nördlichste Stadt Europas. Wir konnten nicht sofort an den für uns reservierten Liegeplatz, und so verzögerte sich die Ausschiffung der Passagiere, die an einem Landausflug teilnehmen wollten. Im Hafen lagen außer der „Odessa" die wesentlich größere „Vistafjord", das Fernsehtraumschiff vom Dienst, und die in Marseille beheimatete „Mermoz".

Das waren zwei Kreuzfahrtschiffe zuviel für den kleinen

Hafen, die kleine Stadt, die sich alsbald einer Invasion stellen mußte. Wie kapitänsseitig verabredet, entließen die drei Schiffe ihre Gäste, und die kauffreudigen Kreuzfahrer teilten sich die aus einer längeren Hauptstraße bestehende Stadt unter sich auf, wobei Übergriffe unvermeidlich waren. Sie nahmen Besitz von den kleinen Häusern, die sich ängstlich mit den Rücken an Felswände lehnten, legten den Straßenverkehr lahm und besetzten die Geschäfte. Ob es die besser betuchten Passagiere der „Vistafjord" waren oder die schreibfreudigen der „Mermoz" bleibt unbewiesen, jedenfalls gab es bald darauf keine Ansichtskarten mehr zu kaufen, und die Beamten der Königlichen Post schlossen vorzeitig die Schalter, weil die Briefmarken ausgegangen waren und keiner wußte, wohin. An den drei Kiosken der Stadt gab es nur noch eine Handvoll deutschsprachiger Zeitungen aus der letzten Hälfte des vorigen Jahrhunderts, als Kaiser Wilhelm II. mit seiner „Meteor" Hammerfest besuchte.

Wie litt unter diesen Bedingungen Horst Damusch, als es ihm nicht gelang, ein Exponat seines Verlages aufzutreiben, obwohl er den dreifachen Preis bot. Doris meinte, als sie von der Tragödie erfuhr, daß er sich nur davon überzeugen wolle, ob sein Name noch im Impressum verzeichnet sei oder ihn der Verlag schon auf die Straße gesetzt habe.

„Quatsch, er wird doch nicht so blöde sein und mit der Frau des Chefredakteurs unterwegs sein!"

„Sein Chef wird ihn besser kennen als du!"

Gegen so viel weibliche Logik fand ich kein Argument und strich besiegt die Segel. Viel Zeit blieb unseren Mitreisenden nicht. Obwohl die Andenkenläden Nachschub aus Taiwan und Singapur erhalten hatten, gingen diese „echten" norwegischen Andenken weg wie Freibier in einer Mittsommernacht. Die Glocken der beiden Kirchen läuteten. Die Küster der Gemeinden werden wissen, warum. Für uns fand an diesem Montag ein Dankgottesdienst in deutscher Sprache statt, und es waren nicht wenige, die daran teilnahmen.

Erstaunlich ist, daß immer weniger Bundesbürger bereit

sind, Kirchensteuern zu zahlen, aber einen Landausflug ohne Kirchenbesuche zutiefst ablehnen. Ich Skeptiker wanderte unschlüssig von Laden zu Laden und überprüfte die Preise, einer mußte es schließlich machen, und verglich auch noch die Qualität. Bei der Kürze der mir zugestandenen Zeit mußte ich scheitern und den Kauf eines „Norwegers" zurückstellen. Das gleiche aufregende Spiel hatte ich schon in Lerwick mit dem echten „Shetländer" und in Reykjavik mit dem echten „Isländer" hinter mir. Um es hinter mich zu bringen, ich kaufte auch in Trondheim und Bergen keinen Pullover, sondern zu Hause bei Karstadt. Das aber hatte alles seine Richtigkeit, denn in Südnorwegen hätte ich für den gleichen Pullover nur den halben Preis bezahlt, nur brauchte ich ihn dort nicht mehr, daß er in Hamburg dann wieder so teuer war wie in Hammerfest, war eine ganz andere Sache und regte im Endeffekt nur meine Frau auf.

Am nächsten Tag, also in der Dienstagsausgabe des „Finnmark Dagblattes", wurde von einem ungewöhnlichen Preisschub in Hammerfest berichtet, für den die Behörden des Landes keine Erklärung fanden.

Fjordfahrt

Vor dem Bug der „Odessa" lag im Gegenlicht des frühen Tages die norwegische Küste. Sie hatte sich durch glattgewaschene, schwarzglänzende Schären angekündigt, die wie unförmige Walbuckel tückisch aus dem klaren Wasser ragen. Ein dünner, zerbrechlich wirkender weißer Leuchtturm auf einer unbewohnbaren Klippe diente der Schiffsleitung als Navigationshilfe, zeigte einen Weg durch das Felsenlabyrinth. Um nicht unnütz herumzustehen, navigierte ich mit, denn wie leicht war ein Schiff vom Kurs zu bringen. Hinter einem Vorsprung, die „Odessa" hatte die Geschwindigkeit verringert, tauchte ein stämmiger Kutter auf, der einen schäumenden weißen Rauschebart vor sich herschob. Er drehte einen eleganten Bogen und näherte sich aufkommend unserem Schiff. Ohne festzumachen, legte der Kutter an. Mühelos stieg der Lotse über, der an Deck gekommen, von einem der vielen Offiziere begrüßt und auf die Brücke der „Odessa" begleitet wurde, als ob er unterwegs verlorengehen könnte. Danach nahm die „Odessa" wieder ihre Marschfahrt auf, als hätten es alle eilig, in den Hafen zu kommen, ganz besonders der Kapitän.

Mit dem norwegischen Lotsen, der das Fahrwasser kannte wie seine Jackentasche, war das Problem gelöst: Ich konnte mich beruhigt zurücklehnen und ihm die Führung überlassen, aber nicht lange, denn ich erinnerte mich an eine Reise durch die norwegischen Fjorde, als ich feststellte, daß der Lotse mehr Alkohol konsumiert haben mußte, als noch in der Schiffsapotheke lagerte, für alle Fälle. Ich hatte, wie das Usus ist, nicht mitnavigiert, wußte also auch nicht, wo sich zu diesem Zeitpunkt unser Dampfer befand. Schnelles Handeln war unumgänglich. Erst einmal mußte die Fahrt aus dem Schiff, dann auf der Seekarte unsere Position gesucht und bestimmt werden. Der norwegische Lotse bekam das Theater gar nicht mit, und ich hatte keine Zeit, mich mit ihm über seinen Zustand zu unterhalten. Zum Glück hatte ich mich nicht in meine Kajüte begeben, sondern wollte mich mit ihm unterhalten. Nur so waren wir an einer drohenden Katastrophe vorbeigerutscht. Das war damals, heute war unser Kapitän verantwortlich, redete ich mir ein und beruhigte mein Gewissen.

Ungeheure Felswände schienen die Weiterfahrt des mächtigen Schiffes unmöglich zu machen und gaben erst nach, wenn es sich unaufhaltsam näherte. Von unsichtbaren Kräften geschoben wichen sie zeitlupenartig zur Seite, spalteten sich und ließen unser Schiff passieren, ins Reich der Trolle. Die „Odessa", die draußen auf freier See im Reich der Stürme stärker als die ungebändigte Natur schien, schrumpfte hier zusammen auf einen anderen Wert, je näher die grauschwarzen Kämme heranrückten, deren Kuppeln oft in tiefhängenden, schweren Wolkenbänken vergraben waren. Eine stille, einsame Welt empfing uns, in die wir einbrachen. Störend laut empfand ich nun die Auspuffgeräusche unserer Hauptmaschinen. Sehnsucht nach dem einfachen Leben flackerte auf und der Wunsch, allein mit einem Segelboot das dunkle Wasser im Fjord zu teilen.

An steil abfallenden Felswänden vorbei zog unser Schiff unbeirrbar und sicher geführt von den Männern auf der Kommandobrücke seinen Kurs. Und mit jeder Meile, die wir zurücklegten, näherten wir uns unserem Ausgangshafen. Auch das floß in diese Fahrt mit ein. Es war, als ob wir uns auf der Suche nach der Entstehungsgeschichte der Erde befanden. Erst weit im Süden tauchten grüne Flecken am Ufersaum auf. Ungedeckte Fischerboote lagen an kurzen hölzernen Seestegen neben rotgestrichenen, alten, windschiefen Hütten und kleinen neuen Wochenendhäuschen.

In Hammerfest war eine einheimische Reisebegleiterin zugestiegen. Sie übernahm die verbale Führung durch den Fjordirrgarten. Name reihte sich an Name. Bald gab ich gelangweilt die Verfolgung unserer Fahrt auf der Landkarte auf. Es sind alle Fjorde registriert und erfaßt wie die Inseln und Klippen im Schärengarten vor der Küste. Für Entdecker gibt das Land nichts mehr her. Doch die vielen nordisch klingenden Bezeichnungen schlagen sich gegenseitig tot. Natur muß individuell empfunden werden. Zu viele Erläuterungen und Erklärungen, Zahlen und Daten helfen kaum. Der Ballast nichtssagender Worte wiegt schwer.

Fjorde sind weitgehend unfruchtbar, von den Fischen abgesehen. Erst in dahinterliegenden Tälern stehen die Gehöfte der Bauern, blöken Schafe im Konzert, weidet das Rindvieh, klettern die Ziegen. Vom vorbeiziehenden Schiff aus ist nur ein eingeschränkter Blick auf das dahinterliegende Land möglich. Die Fahrt ging an Urgestein vorüber, an Schneerinnsalen und Gletschern, kargem Grün und Sträuchern. Freudig begrüßt wurden die ersten Krüppelkiefern, verließen wir doch jetzt das Land der Mitternachtssonne.

Im Geiranger-Fjord muß jedes anständige Kreuzfahrtschiff ankern, weil er gewissermaßen das norwegische Rothenburg ob der Tauber ist und als eines der schönsten Seetäler Norwegens gilt, vielleicht sogar der Welt. Solche Vergleiche sind möglich. Kreuzfahrten nach Norwegen sind nicht unproblematisch. Entweder fährt das Schiff vom Nordkap kommend durch sämtliche Fjorde, dann bleibt wegen der Länge der Strecke nicht viel Zeit, um – vom obligatorischen Geiranger abgesehen – tief in die Welt der Fjorde einzudringen. Und selbst die Zeit, die unser Schiff im schönsten Fjord der Welt verbrachte, war viel zu kurz, ganz besonders aber für die Ausflügler. Sie hatten keine Muße, die Schönheit dieses Fjordes in sich aufzunehmen. Ich blieb an Bord, an Land würde ich eh' bald wieder sein – und wer weiß wie lange –, und konnte mich nicht sattsehen. Das Gefühl herrscht vor, in diesem Seetal gefangen zu sein, daß die tief eingeschnittene Schlucht keinen Ausgang habe.

Verständlich, daß Kaiser Wilhelm II., den es immer wieder nach Norwegen in die Fjorde trieb, hier oft mit seiner Yacht „Hohenzollern" ankerte. Das lag allerdings mit daran, daß unser Kaiser, der seine Landsleute am liebsten alle auf See gesehen hätte, leicht seekrank wurde. Trotzdem, er war in Norwegen nicht unbeliebt. Nach einem schrecklichen Brand in Alesund am Eingang zum Storfjord, dem „Vater" des Geiranger, zu Beginn des Jahres 1904 ließ er dem Städtchen finanzielle Hilfe zukommen. Sein Bild im Heimatmuseum ist nie in Gefahr geraten, auch nicht nach 1945, im Keller des Museums zu verschwinden. Das spricht für die Norweger.

Kein norwegischer Fjord gleicht dem anderen, bei einem Nordland-Enthusiasten, von denen es nicht wenige gibt, stellt sich gelegentlich die Leidenschaft ein, sie zu sammeln wie andere Leute Briefmarken oder Münzen. So ganz nachvollziehen kann ich diese Liebe nicht, denn für meine Verhältnisse regnet es dort oben zu häufig. Wir aber hatten Glück. Bei den Landgängen in Trondheim und Bergen konnten die Regenschirme an Bord bleiben.

Vom Bikini bis zur falschen Pelzstola

„Wir werden die Kreuzfahrt um drei Tage abkürzen und zurückfliegen müssen", nuschelte stirnrunzelnd meine Frau bei der allmorgendlichen Kleiderschrankkontrolle. Erstaunt blickte ich von der Lektüre des uns bevorstehenden Bordprogramms auf. Sie muß mich genau beobachtet haben, obwohl sie mich nicht anblickte und nicht direkt ansprach; aber ihre Stimme klang artikulierter, als sie an den ersten Teil ihres Monologs anknüpfte: „Macht ja nichts, Liebster. Trondheim hat einen Flugplatz. Wenn wir die Reise abbrechen, wird das immer noch billiger, als wenn ich mir noch drei Fummel kaufen muß und einen neuen Bikini, aus dem alten wachse ich langsam, aber sicher heraus!"

Die Sache mit dem Bikini hätte ich aufklären können. Sie aber tat, als ob das Problem gelöst sei, während ich nicht begriff, warum wir die auf achtzehn Tage festgesetzte und bezahlte Kreuzfahrt vorzeitig abbrechen sollten, obwohl wir beide gesund waren. Meine Frau stand immer noch mit der Vorderfront zum Kleiderschrank und erwartete offensichtlich von mir energischen Widerstand oder Zustimmung.

„Ich sehe das nicht ein, schließlich haben wir Urlaub!"

„Urlaub –", sie zerlegte das winzige Wort buchstäblich und wiederholte es angewidert. Nach einem langen Atemzug fragte Doris: „Wie kannst du so etwas sagen, Liebster? Ich habe eben festgestellt, nein, feststellen müssen, glaubst du, das gefällt mir, daß ich nichts mehr anzuziehen habe, oder willst du, daß ich zwei Tage lang im gleichen Kleid herumlaufen soll, vielleicht auch noch in dem mit gelben Blümchen auf blauem Grund?"

Mir gefiel das Kleid, sah sie doch darin irgendwie liberal aus, aber ich kam nicht dazu, es zu sagen.

„Siehst du, das willst du auch nicht, und recht hast du, mein Schatz. Das sieht ja so aus, als ob wir uns diese Reise nicht leisten können, daß wir sie vielleicht sogar geschenkt bekommen haben. Die Leute werden denken, ganz besonders deine Hannelore, du verdienst nicht genug!"

„Das stimmt ja auch. Jeder von uns verdient zehn Prozent zu wenig, und um sich solche Kreuzfahrten jedes Jahr leisten zu können, reicht selbst der Vorschuß des Verlegers nicht aus."

„Gut, aber das muß ja nicht jeder wissen!"

„Das erfährt auch nicht jeder!"

„Aber die, die es nicht sollen, und das ist entscheidend. Frage deine Hannelore, wenn du mir nicht glaubst. Wenn wir aber drei Tage früher heimfahren, ist unser Problem jedenfalls gelöst. Die Leute hier werden annehmen, daß du ein wichtiger Mann bist, der unbedingt heimkehren muß, um den Staat zu retten oder so."

„Was die Leute denken, ist mir egal, und dazu zählt auch ‚meine' Hannelore!"

Sie wollte das letzte Wort haben und hatte es auch, aber ich tat so, als ob ich es nicht gehört hätte und schwieg. Diese Methode hat sich in den zurückliegenden Ehejahrzehnten bestens bewährt. Spötter behaupten, daß Frauen entsprechend ihrer Verkleidungsmöglichkeiten die Dauer einer Kreuzfahrt und die Route bestimmen. Andere entscheiden sich für das Gegenteil und kommen auf diese geschickte Art und Weise zu einer ganz neuen Garderobe. Als ausgesprochen unfein gilt, wenn Freundinnen gleicher Konfektionsgröße in verschiedenen Sitzungen speisen und damit die Gelegenheit ausnutzen, ihre Oberbekleidungsstücke x-beliebig auszutauschen, so daß die Mitschwestern blaß oder rot vor Neid werden, je nach Charakter.

Männer haben grundsätzlich keine Bekleidungsprobleme. Sie sind immer richtig, entsprechend der Lage angezogen, auch wenn sie noch so schlampig herumlaufen, weil einen schönen Menschen nichts verunstalten kann.

Wir stiegen nicht in Trondheim aus, obwohl es meiner Frau überhaupt nichts ausgemacht hätte, wie sie treuherzig bemerkte, als unser Schiff den Hafen verließ.

Als ich beim Schreiben dieses Büchleins an den damaligen Streit erinnert wurde, habe ich meine Frau gefragt, warum sie einst eingelenkt habe. „Habe ich nicht. Das kommt doch nur davon, daß du meine letzten Worte nicht mehr wahrgenommen hast, in der Meinung, der Streit sei beigelegt."

„Und was hast du gesagt, damals?"

„Gut, dann kaufe ich den Rest in der Bordboutique!"

„Du hattest kein Geld mehr . . ."

„Aber deine Kreditkarte . . ."

Die Nebenkosten versüßen das Leben

Viele Kreuzfahrer, so schrieb einst Gustav Freytag, stürzten sich in arge Ausschweifungen und erschöpften ihren Leib durch die Laster des Orients. Das kann man heute auch in unmittelbarer Nachbarschaft jedes größeren Bahnhofes und billiger dazu. Wer auf einer Kreuzfahrt mit Sparen beginnen will, um Versäumtes nachzuholen, täte besser, die Elbfähre nach Wischhafen zu nehmen. Der im späten Mittelalter geprägte Spruch „Bleibe im Lande und nähre dich redlich" gilt nicht für Kreuzfahrer.

„Über Geld spricht man nicht, mein Junge, entweder man hat es oder möchte es haben", pflegte meine literarische Großmutter Hedwig zu sagen, wobei sie ihre Tätigkeit nicht unterbrach und weiterstrickte. Nun machte sich Hedwig zum Leidwesen meines abwesenden Großvaters das Leben zu leicht, auch sind ihre weisen Worte und Sprüche nicht immer so einfach umzusetzen, weder an Land und schon gar nicht auf See, auf lustiger, kurzweiliger Kreuzfahrt. Meine Frau hat einiges bei ihr gelernt, Marmelade einkochen zum Beispiel, Kartoffelpuffer backen und daß Geld kein Thema ist, solange es Scheckbücher und Überziehungskredite gibt.

„Am besten wird sein, du erkundigst dich bei der Reiseleitung, welches Trinkgeld angemessen ist", antwortete sie schnippisch auf meine Frage, wann, wieviel und wer von uns beiden diese Aufgabe des persönlichen Zahlungsverkehrs übernehmen sollte, ohne in Verdacht zu geraten, mehr zu wollen, als es die Dienstvorschriften gestatten. Und selbst ich kannte mich in sowjetischen Gewohnheiten nicht aus, wußte aber, daß sämtliche „Trinkgelder" oder Zuwendungen in einen Pool wanderten, der nach Abschluß der Reise unter sämtlichen Besatzungsmitgliedern gerecht aufgeteilt wurde.

Über einen Punkt herrschte Einigkeit: Der Kapitän, so charmant und nett er auch war, erhält Heuer, und die zahlt Moskau in hoffentlich angemessener Höhe und damit basta! Eine Sorge hatten wir mit dieser Entscheidung weniger. Es gab eine Zeit im nachzaristischen Rußland, in der Trinkgelder nicht angenommen wurden. Diese Periode gehört inzwischen wie der Sozialismus der Weltgeschichte an. Jetzt hat sich das kapitalistische Denken durchgesetzt.

Keine Stewardeß, kein Barkeeper und kein Besatzungsmitglied hat sich auf der „Odessa" anders benommen, wenn es um Trinkgeld ging, als auf Schiffen anderer Nationen. Das Wort zeugt eher vom schlechten Geschmack des Gebers. Es stammt aus dem Jahrhundert, als die „Gnädigste" dem Kohlenmann von der Küchenmamsell nach getaner Arbeit fünfzig Pfennig in die schwielige Hand drücken ließ mit der Ermahnung: „Und nun, lieber Mann, trinken Sie einen auf meine Gesundheit, aber denken Sie an Ihre Familie und besaufen sich nicht wieder!"

Trinkgelder dieser Art sind auf allen Kreuzfahrtschiffen unerwünscht, aber kleine Zuwendungen helfen, die Reise in Ihrem eigenen Sinne zu gestalten. Geben Sie den von Ihnen nach der Reisedauer festgesetzten Betrag nicht erst am Ende der Fahrt, sondern bei passender Gelegenheit in den ersten Tagen. Dann wissen die Stewardessen, wen sie vor sich haben, und Sie vergessen sie nicht im Trubel des Abschiedsschmerzes.

„Gib' du ihnen das Geld", bat mich Doris verlegen, „sonst denken die jungen Dinger noch, ich halte dich aus, das wäre mir zu peinlich!"

„Mir nicht! In der Regel sind auf vercharterten sowjetischen Kreuzfahrtschiffen alle Stewardessen verheiratet, damit sie nicht irgendwo im Ausland an Land gehen und nicht wiederkommen. Davon abgesehen: Arbeit schändet nicht!"

„Dann sieh dir bitte die Hände von Frau Degenhard am Nachbartisch genauer an!"

Wir einigten uns, steckten die Beträge in Briefumschläge und überreichten sie gemeinsam an unsere Kabinen- und Tischstewardessen. Die jungen Frauen nahmen unsere Zuwendungen freundlich entgegen und waren hoffentlich zufrieden.

Sprechen Sie ruhig mit ihren Mitreisenden am Tisch

über das Problem, auch wenn man über Geld nicht sprechen sollte, wie Hedwig empfiehlt. Einigen Sie sich nach
Möglichkeit über die Höhe der Beträge, damit nicht einer
weniger als der andere zahlt. Das wäre allen Parteien peinlich und würde die Harmonie bei Tische stören. Haben Sie
gütlich eine Summe festgelegt, erhöhen Sie den Betrag be-
denkenlos um runde zehn Prozent, weil ihre Tischnach-
barn ähnlich handeln werden.

Wenn Sie 5 % der Passagekosten für die Nebenausgaben
einkalkulieren, liegen Sie „Odessa"-richtig.

Letzter Tag an Bord

Irgendwann, viel schneller als beim Antritt der Reise für möglich gehalten, bricht der letzte Tag einer Kreuzfahrt an. Nicht anders erging es uns auf der „Odessa", und das hieß, so langsam, aber sicher Abschied zu nehmen von liebgewordenen Gewohnheiten, Gesichtern, hilfsbereiten, oft unsichtbaren Geistern und dem Schiff natürlich, das für achtzehn Tage zur Wahlheimat geworden war. Noch einmal seilte ich mich ab, huschte auf die Kommandobrücke und kontrollierte, was ich aus früheren Zeiten routinemäßig gewohnt war: den Kurs und die Geschwindigkeit des Schiffes. Mit dem wachhabenden Offizier wechselte ich ein paar Ansichten über das Wetter und bedankte mich für das Entgegenkommen, ja Wohlwollen, mit dem sie mich aufgenommen hatten. So schlimm war ich wohl doch nicht gewesen, und ich kann mich auch nicht erinnern, dem Kapitän der „Odessa" direkt ins Handwerk gepfuscht zu haben. Sollte es trotzdem geschehen sein, kann es keinen nennenswerten Schaden angerichtet haben, denn das Schiff war noch heil, und wir lebten alle noch, nur nicht mehr so glücklich wie zu Beginn der Reise.

Gelegentlich, wenn ich auf der Brückennock stand und „Rundschau" hielt, über das Deck, die See, den Himmel, kam schon so etwas wie Sehnsucht auf nach der vergangenen Zeit, als ich ein Schiff führte, aber diese Sehnsucht war vielleicht auch nur Erinnerung. Es war sicher kein Zufall, daß Yury Khormykh oben erschien, wahrscheinlich hatte der wachhabende Offizier ihn über meinen Besuch informiert, und durchaus möglich auch, daß alle nicht angemeldeten Besucher automatisch dem Kapitän umgehend gemeldet werden mußten. Ich hatte mir zuvor keine Gedanken gemacht, wie auf einem sowjetischen Handelsschiff die Disziplin funktionierte. Trotzdem war ich überrascht, daß es recht zivil zuging, nicht anders, als auch auf deutschen Schiffen. Gewiß, bei uns gab es keinen Politoffizier an Bord, wieviel er aber auf der „Odessa" zu entscheiden hatte, habe ich nie erfahren. Es fiel mir auf, daß es so gut wie unmöglich war, mit einem Offizier alleine sich längere Zeit zu unterhalten, und spontan schon gar nicht.

So kam auch dieses letzte Gespräch auf der Kommandobrücke mit dem Kapitän nicht recht voran, bis auf die üblichen Floskeln. Und war sein Vorschlag ernst gemeint, daß wir ja tauschen könnten? So weit hatte ich nicht gedacht.

Er lächelte wie immer, als hätte er alle Sorgen auf andere Schultern abgeladen, ein echter Kreuzfahrerkapitän, der ein sowjetisches Schiff führte und dementsprechend oft von Völkerfreundschaft und Weltfrieden sprach, aber das sind ja Wertvorstellungen, die wir teilten, wenn wir sie auch nicht laufend erwähnten, um sie nicht abzunutzen. Er wie ich hatte einen Bruder verloren, gefallen in der Schlacht um Charkow, war es das, was uns nahebrachte, und verstehen sich Seeleute untereinander besser, weil sie wissen, wie klein der Mensch ist, wenn die See brüllt?

Wir nahmen jetzt Abschied, wünschten uns für die Zukunft alles Gute und unseren Enkelkindern ein glückliches Leben. Wir sprachen auch vom Wiedersehen, wohl wissend, daß es kaum eins geben würde, aber darauf kam es uns nicht an. Wir nahmen jetzt Abschied, um ihn im späteren Gedränge am nächsten Vormittag nicht untergehen zu lassen.

Der letzte Tag, das letzte Abendkleid. Doris hatte auf das vierte freiwillig verzichtet und sich entschlossen, wieder ins erste zu schlüpfen, weil sie davon ausging, daß sich keine der Frauen mehr erinnern würde, was sie am Begrüßungsabend getragen hatte. Das war zwar ein Irrtum, aber als er feststand, war eine Korrektur nicht mehr möglich. Andere Frauen hatten auch darunter zu leiden, und das verbindet. Der Abend selbst wurde von den Amateurkünstlern bestritten, die tagsüber in der Maschine des Schiffes arbeiteten, Kabinen säuberten, Brote backten oder als Matrosen dienten. Und was uns beeindruckte, sie waren allesamt begabt, mehr noch, sie waren keine Amateure, jedenfalls nicht im künstlerischen Bereich, vielleicht im bordeigenen Betrieb, aber das ist nur eine Vermutung. Uns

Passagieren gefiel diese Show, und entsprechend groß und ehrlich war der gespendete Beifall.

Die Reisepässe befanden sich, mit neuen Stempeln verziert, wieder in unseren Händen. Kofferaufkleber waren verteilt worden, um die Ausschiffung der Gäste reibungslos und zügig über die Rampe an der Columbuskaje in Bremerhaven abwickeln zu können.

Noch einmal machten wir, Arm in Arm, einen vergnüglichen Spaziergang auf dem Promenadendeck, wunderten uns über die verlassene Tischtennisplatte und pumpten unsere Lungen mit sauerstoffangereicherter Seeluft voll, während das Schiff südwärts stürmte, der Deutschen Bucht entgegen. Die Schraube am Heck mahlte hörbar „heimwärts, heimwärts, heimwärts . . ." Endlich kam ich dazu, meiner Frau zu gestehen, daß sie mir kein besseres Weihnachtsgeschenk hätte machen können als diese Kreuzfahrt ins Nordmeer mit viel Wasser und verhältnismäßig wenig Land. Sie druckste ein bißchen herum, gab dann auf Drängen unumwunden zu, daß sie Lust auf eine Seereise gehabt habe, weil ihre allerbeste Freundin Brigitte zu Lebzeiten immer von einer noblen Kreuzfahrt geschwärmt hatte. „Ich habe so oft im Liegestuhl an sie denken müssen, an ihre Tapferkeit vor dem Sterben. Sie, die in unserer Klasse nicht zu den Mutigsten zählte." Ich beruhigte ihr schlechtes Gewissen, denn entscheidend war, wer die Reise bezahlt hatte.

„Du natürlich, von dem bißchen Haushaltsgeld hätte ich gerade zwei Fahrkarten nach Lüneburg kaufen können, ohne Rückfahrt!" sagte sie zufrieden mit sich und kuschelte sich fester in meinen Arm. Und über uns ein sternklarer Himmel, der sich wie eine riesige Käseglocke über unser Schiff gestülpt hatte. Die Mastspitzen schienen den Großen Wagen zu berühren.

Es wurde spät, bevor das Licht in unserer Kabine ausging, an die wir uns schneller gewöhnt hatten als gedacht, als wir sie zum ersten Mal betraten – wie lange das schon her war! Rasch aber kam der Schlaf, und als Uschi meine Nacht beendete mit ihrem Weckruf, befand sich die

„Odessa" bereits auf der Weser. Bremerhaven lag im Morgendunst. Geschickt brachte unser tüchtiger Kapitän sein Schiff ohne jegliche Schlepperhilfe an den Liegeplatz. Auf dem Achterschiff türmten sich Koffer zu Wohlstandsbergen. Palettenweise wurden sie mit einem Kran an Land gehievt und in der Abfertigungshalle bereitgestellt. Ich hatte vorgeschlagen, Hannelore im Auto mit nach Hamburg zu nehmen, und was mich stutzig machte, meine Doris hatte nichts dagegen einzuwenden. Daß nichts daraus wurde, lag nicht am Auto, sondern an Hannelores Gepäck. Um diese Koffer unterzubringen, hätte ich einen Kleintransporter anmieten müssen. Immerhin brachte mir mein Angebot einen druckvollen Kuß von Hannelore ein und eine Umarmung, daß mir die Luft wegblieb. Während ich noch darüber nachdachte, wie der Lohn ausgefallen wäre, wenn das Vorhaben auch geklappt hätte, brachte mich mein Weib zurück auf den Boden der Wirklichkeit: „Das mit dem Gepäck hätte ich dir sagen können, denn ich habe sie beim Anbordgehen beobachtet und gedacht, mein Gott, die Frau macht keine Reise, die wandert aus!"

Abschiednehmen heißt Rückschau halten, und dieser Blick zurück auf achtzehn unbeschwerte Tage auf See, in Häfen, Fjorden, Buchten, ist gänzlich ohne Zorn. Uns hat die Kreuzfahrt gut getan.

Lebe wohl, Kapitän!

„Odessa" wurde modernisiert

Das Motorschiff „Odessa" (14000 BRT) wurde 1974 in England für die „Black Sea Shipping Co." gebaut. Die „Odessa" des Jahres 1983 gibt es immer noch; aber sie hat sich – wie die Welt – gründlich verändert, nicht äußerlich, sie ist weder gewachsen noch geschrumpft, aber innerlich. Verschwunden sind nicht nur Hammer und Sichel am Schornstein und der Politoffizier, sondern sie wurde für mehr als 33 Millionen DM in Kiel generalüberholt. 243 neue Kabinen mit hochisolierten Wänden und moderner Einrichtung, zu der auch Safe, Fernseher, Fön, Telefon und neue Badezimmer gehören, wurden eingebaut.

Auf dem untersten, dem „Blauen Deck" wurden einige Vier-Bett-Kabinen eingerichtet, bestimmt für mehrköpfige Familien. Auf dem beliebten „Odessa-Deck" entstanden neue Suiten. Nach erfolgtem Umbau gibt es nur noch Kabinen mit zwei Unterbetten. Zur weiteren Qualitätsverbesserung trägt der Umbau der Sauna bei. Außerdem wurde das Foyer renoviert und architektonisch der Zeit angepaßt. Es wurde alles getan, was den gestiegenen Anforderungen der Kreuzfahrer entspricht, bis ins Jahr 2000. Dem Charme des Schiffes hat der Umbau nicht geschadet.

Inhaltsverzeichnis

Regionalia im HUSUM TASCHEN BUCH

Anekdoten aus Baden-Württemberg · aus Bayern · aus Berlin · aus Brandenburg · aus Hamburg · aus Hessen · aus Mecklenburg-Vorpommern · aus Niedersachsen · aus Ostpreußen · aus Pommern · aus Sachsen · aus Sachsen-Anhalt · aus Schlesien · aus Schleswig-Holstein 1 · aus Schleswig-Holstein 2 · aus Thüringen · aus Westfalen · vom Militär – **Entdecken und erleben (Reiseführer):** Mecklenburg-Vorpommerns Kunst · Niedersachsens Kunst · Niedersachsens Literatur · Ostpreußens Literatur · Schleswig-Holsteins Geschichte · Schleswig-Holsteins Kunst · Schleswig-Holsteins Literatur – **Im Gedicht:** Berlin · Niedersachsen · Schleswig-Holstein – **Humor** aus Schlesien – Schlesische **Kinderreime – Kinder- und Jugendspiele** aus Schleswig-Holstein 1 · aus Schleswig-Holstein 2 · aus Schleswig-Holstein 3 · aus Westfalen – **Kindheitserinnerungen** aus Berlin · aus Hamburg · aus Köln · vom Niederrhein · aus Oberschlesien · aus Ostpreußen · aus Pommern · aus Sachsen · aus Schlesien · aus Schleswig-Holstein · aus Westfalen – **Komponisten** aus Schleswig-Holstein – **Krippengeschichten** aus Deutschland – **Legenden** der kanadischen Indianer – **Lügengeschichten** aus Schleswig-Holstein – **Märchen** aus Baden-Württemberg · aus Mecklenburg · aus Niedersachsen · aus Schleswig-Holstein · aus Westfalen – **Redensarten** aus Hessen – **Aus dem Sagenschatz** der Brandenburger und Schlesier · der Franken · der Hessen · der Niedersachsen und Westfalen · der Österreicher · der Ostpreußen und Pommern · der Sachsen · der Schleswig-Holsteiner und Mecklenburger · der Schwaben · der Thüringer – **Volkssagen** aus Niedersachsen – **Sagen** aus Baden-Württemberg · aus Franken · aus Hamburg · aus Mecklenburg · aus Schlesien · aus Schleswig-Holstein · aus Südtirol · aus Westfalen – **Schulerinnerungen** aus Franken · aus Hamburg · aus Mecklenburg · aus Niedersachsen · aus Ostpreußen · aus Schleswig-Holstein – **Schwänke** aus Bayern · aus Franken · aus Niedersachsen · aus Schleswig-Holstein · aus Schwaben – **Sprichwörter** aus Hessen · **Sprichwörter und Redensarten** aus Mecklenburg · aus Schleswig-Holstein – **Plattdeutsche Sprichwörter** aus Niedersachsen – **Weihnachtsgeschichten** aus Baden · aus Bayern · aus Berlin · aus Brandenburg · aus Bremen · aus Franken · aus Hamburg · aus Hessen · aus Köln · aus Mecklenburg · aus München · vom Niederrhein · aus Niedersachsen · aus Oberschlesien · aus Ostpreußen · Pommern · aus dem Rheinland und der Pfalz · aus Sachsen · aus Schlesien · aus Schleswig-Holstein 1 · aus Schleswig-Holstein 2 · aus Schwaben · aus dem Sudetenland · aus Thüringen · aus Westfalen · aus Württemberg – **Weihnachtsmärchen und Weihnachtssagen** aus Schleswig-Holstein – **Witze** aus Hamburg · aus Mecklenburg · aus Ostpreußen · aus Pommern · aus Sachsen · aus Schleswig-Holstein

HUSUM HUSUM DRUCK- UND VERLAGSGESELLSCHAFT
Postfach 1480 · D-25804 Husum